中国一线交易员访谈丛书

来自成功交易者的宝贵经验

交易员的自我修养

❽

王维扬 著

企业管理出版社
ENTERPRISE MANAGEMENT PUBLISHING HOUSE

图书在版编目（CIP）数据

交易员的自我修养：中国一线交易员访谈实录. 王维扬 / 王维扬著.
北京：企业管理出版社，2021.11
（中国顶级交易员访谈丛书）
ISBN 978-7-5164-2493-3

Ⅰ. ①交⋯ Ⅱ. ①王⋯ Ⅲ. ①金融投资—经验 Ⅳ. ① F830.59
中国版本图书馆 CIP 数据核字（2021）第 179719 号

书　　　名：	交易员的自我修养：中国一线交易员访谈实录
书　　　号：	ISBN 978-7-5164-2493-3
作　　　者：	王维扬
策　　　划：	李　坚
责任编辑：	李　坚　张　楠
出版发行：	企业管理出版社
经　　　销：	新华书店
地　　　址：	北京市海淀区紫竹院南路17号　　邮编：100048
网　　　址：	http://www.emph.cn　　电子信箱：jiaoyiyuanfangtan@163.com
电　　　话：	编辑部（010）68414643　发行部（010）68701816
印　　　刷：	三河市东方印刷有限公司
版　　　次：	2022年1月第1版
印　　　次：	2022年1月第1次印刷
开　　　本：	147mm × 210mm　1/32
印　　　张：	6.125印张
字　　　数：	100千字
定　　　价：	78.00元

版权所有　翻印必究·印装错误　负责调换

"证券交易，天下最彻头彻尾充满魔力的游戏。但是，这个游戏愚蠢的人不能玩，懒得动脑子的人不能玩，心理不健全的人不能玩，企图一夜暴富的冒险家不能玩。这些人一旦贸然卷入，到头来终究是一贫如洗！"

——杰西·利弗莫尔

交易,

是一场没有硝烟的战争,

是一种残酷的生存游戏。

别泡在经典理论里学习交易了,

跟我们一起,

到"战争"最前线去,

听听那些"老兵"血与火的经验教训,

学学一线交易员的生存之道。

丛书出版说明

相信读过不少投资交易类图书的读者朋友，对于国外出版的《金融怪杰》系列图书一定不陌生，该系列图书通过对各投资领域的投资者进行采访，给想了解这些人的交易理念和方法的读者一个难得的渠道。

但是，该系列图书存在两个问题：一是访谈不够深入的问题。由于时间和篇幅限制，许多内容浅尝辄止，难以深入挖掘一名投资者或交易员经历中真正能给人启发的东西。二是访谈对象均为境外投资者。国内投资市场经过几十年的发展，在向西方学习的同时，越来越体现出自己个性化的特征。国外的交易经验放到国内的投资土壤中，有时会存在水土不服的情况。而国内本土交易员的成长经历和交易方法，市面上公开的较少，依然活跃在市场一线的交易员的经验，更是极少传播。

基于以上原因，北京未满文化、"老徐话期权"团队一起，共同策划了这套丛书。访谈对象遍布股票、期货、期权各领域，不以名气论英雄，而看重真材实料。其中有神秘莫测的做市商，有大型金融公司的操盘手，有业绩显赫的私募老总，有名不见经传的民间高手，有独辟蹊径的交易怪才……这些投资者或交易者中，有的健谈，有的惜句如金，所以，这套书也厚度不一。但总体来说，我们希望每一本都是浓缩"干货"的书，不堆砌、不废话。

我们致力于通过十数年时间，遍访各领域高手，汇集成投资经验的饕餮盛宴，以飨读者。读者可以在对比阅读中各取所需，提取适合自己性格和经历的宝贵经验，站在巨人的肩膀上，尽快走向稳定盈利之路。

该丛书存在两个挑战，一是物色挑选活跃在一线的优秀投资者或交易员，并说服他接受采访，和大家分享他多年金钱堆积而积攒的宝贵经验；二是在与每位访谈对象有限的几天一对一访谈时间内，尽可能挖掘出其多年经验中可资借鉴的内容。不足之处，欢迎读者和各路高手批评指正。联系邮箱：jiaoyiyuanfangtan@163.com。也欢迎关注微信公众号"你想赚什么钱"（jiaoyiyuanfangtan），第一时间获取该套丛书的最新单品及交易员访谈视频。

丛书序

徐华康[①]

我们谁都没有超能力。

如果你走在北京或上海的街上问路人，是否有预测未来的能力，他们必定会投以奇怪的眼光说："你有病吧？是否应该去医院挂个号？"这个问题似乎不应该被正常地询问，因为我们没有超能力也不可能去预测不可知的未来。

在同样的时空下，你是否经常地买卖股票或其他标的资产，自信地预测价格的上涨或下跌？所有人都说无法预

[①] 徐华康，有着20多年交易经验的衍生品专家，微信公众号"老徐话期权"，曾出版《我当交易员的日子》《财富自由之路：ETF定投的七堂进阶课》《交易员的自我修养：中国顶级交易员访谈实录（徐华康）》等书。

测未来，言行却不一致，以为自己通过某个图形或消息就可以预测未来，达到获利的目的。

这是否很矛盾？

在投资上，我们需要在不确定的情况中寻找未来的确定性，通过种种不同的分析方法，用尽所有的努力去找可靠的讯息，只希望能让答案更清楚一点，达到稳定获利的目标。虽然没有预测未来的能力，但是有些人却能将这件事做得很好，获得巨大的成功，也有些人走了长长的弯路后取得了不错的成果。

我们希望能通过成功者的经验，缩短学习的过程，让投资交易的成功路径最短。但根据我多年的经验，某些事情偶尔发生也许会更好，毕竟有些道理是无法教的，直到吃到苦头才会真正学到。你会在书中发现，原来交易员或市场老手，大多都走过一样的路，受到相同的挫折；你可以看到，他们如何克服这些困境，才能在这漫长孤单的旅程中看到更好的风景。

我常常说，交易是一种选择，而不是运气。

在行情下跌的时候你可以选择持续持有或止损出场，

丛书序

在行情上涨时，你也可以选择持有或获利了结，所有的决定权都在自己手上，但大多数人却将自己的错误选择归咎于运气。当你赚钱了，是天生英明神武的自己选择正确，亏钱的时候则是时不我与的运气不佳。我们应常常向外面的世界看看，那些过去做得比较好的交易员以及你的交易对手们都在怎么做这些事，为什么有些人总是做得比较好，面对错误的选择时，他们如何不让其变成一场灾难。

错误也是这场游戏的一部分。就如同查尔斯·艾利斯（Charles Ellis）在《投资艺术》（*Winning the Loser's Game*）一书中曾说到，在赢家的游戏中，结果取决于赢家正确的行动，在输家的游戏中，结果取决于输家所犯下的错误。而参与者众的投资市场中，你不用是巴菲特或索罗斯，也可以赚到钱，就如同你去参加一场德州扑克的牌局，就算同桌有世界冠军，你仍有可能赚到盆满钵满，只要同桌的菜鸟足够多。就如同投资本来就是一场输家的游戏，我们能够获得成功，不在于我们做得比巴菲特更好，在于我们犯了比市场上其他投资人更少的错，甚至不犯错。

专业投资人做正确的行动，而业余投资人不断犯下错误，而且他们并不知道错在哪里。当股市见顶或触底时，业余投资人最有可能犯下"非受迫性失误"，因为在每一个极度乐观或悲观的情况下，你不知道该怎么做。专业投资人会做出不一样的决定，别人不想要的，他们买进，别人渴望得到的，他们卖出，他们非常熟悉这场游戏的规则，也有自己的经验总结出的方法。你不用犯下所有的错就可以真正学到这些理念，这些正是这套丛书所要传达的。

进入市场交易绝对算得上是一种门槛最低的赚钱行为之一。投资交易访谈的书籍市面上也不算少，但绝大多数围绕国外名人或国内成名多年的基金经理及私募大佬，针对在第一线每天面对行情厮杀的中国顶尖交易员的访谈反而是少数，也许他们与你有更多的相似之处。你一定要仔细听一下这些交易员每次如何面对市场上必须的选择，因为能够吸取那些最棒的前辈已经用实践证明的洞见，绝对是到达成功交易的最短路径。

目　录

1　行情背后的理由 ·················· 001

　　做交易，每一个动作都要有它的理由。为什么你觉得要做多？我们曾经有交易员说，因为我觉得它跌不下去。我说，跌不下去跟涨上去是两件事情，跌不下去这件事情，也许只需要你觉得这里是底部，但是涨上去要有能够做多的理由。

2　挑选交易员 ·················· 013

　　好的交易员的特质是什么？其实说不上来。传统的回答是这样的，看起来非常聪明、反应快、计算很强、理性甚至冷血，就是你感觉他天赋异禀。这是我们对交易员的传统认知，但是我们身边有多少是属于这样的，其实老实说真的不多。

3　交易员是怎样炼成的 ·················· 031

　　我们想做的是，先把我个人的一些还不算失败的经验，去复制在几个人身上，把原本这个策略的盘子先放大一些，接下来让他们都能在市场上生存下去，之后再照他们自己的意愿发展。

4　长期有效的交易策略 ·············055

我们讲的是长期有效的策略，如果你的策略不是长期有效，你就是吃一年扛个三五年，也许做股票能够这样忍受，但是做衍生品交易，比如说金融商品部这些赚取绝对收益的，管你牛市、熊市、震荡，你都得赚。

5　以交易为生 ·············075

在能力上，我肯定不是最优秀的那一类交易员，不然早就退休了。如果做评价，只能说还行，至少还活在这个市场上。我觉得很幸运还能在市场上继续经历着。

6　对于风控的认知 ·············085

你不能冒着把本金拼完输光的风险程度去赚报酬，这不太可能。你回撤越大，你"补洞"的时间就会拉得越长。是因为你花了时间，让时间来帮你填补亏损，还是因为这个策略其实从头到尾都很有效？

7　中性交易策略 ·············095

中性策略可能是培养交易员做对冲手法比较好的一个策略，因为它在意的是对冲能力。期权又是跟股票期货比起来进入门槛比较高的一个品种，所以当交易员习惯了做期权对冲的时候，就表示他对于对冲的玩法比较得心应手，回头再去做股票型的对冲或者期货的对冲，通常会做得比较好，因为等于是从一个难度比较高的东西降维打击。

8　交易中最难的事 ……………………………… 101

最难的可能是如何看懂盘势。我们会做错单往往是因为没看懂盘的走势，所以选择错了对应的做法，导致了输钱的结果。交易员对于自己的判断有没有自信、是否固执这件事情，其实会影响到他的交易结果，这会占一个很大的比重。

9　工具、策略与执行力 …………………………… 111

如果我的策略需要求快才能赚到钱，那么执行力必须很重要，你下单的速度要够快，对于工具、网络这个部分的要求就比较高。如果我是做对冲型的，我比较在意的是交易系统的平稳运作，因为它可能会涉及比较多的运算，或者是一些风控条件的规范，所以我们可能有一部分的系统搭建是花在风险监控这个部分上面。

10　胜率与盈亏比 ………………………………… 121

以交易日来算的话，可能至少60%~70%的时间是赚的，所以它的盈亏比通常不会太大，因为获利金额是比较分散的，没有集中在某个特定时间点。但是要得到比较好的盈亏比的话，如果

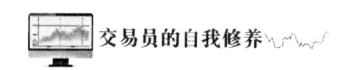

我们在风险控制上、在回撤控制上做得比较到位，还是可以达到不错的效果。

11　应对黑天鹅事件……………………………133

那一天的行情，我印象中是标的涨了8个多点。只要行情一大涨，期权波动率就狂飙，它涨幅又很大，所以导致你没有太多虚值的行权价可以去做对冲。在平值或实值有限的情况下，假设大家都急着去做买进、去做对冲调整的话，其实买方的力量非常的强大，这时候几乎没有人在卖。

12　交易员性格与交易策略的匹配……………145

当行情标的变动几个tick的时候，我们其实就跟着动，但有些人跟得很紧，一个tick两个tick他就动，有些人可能标的动了十个tick他才开始着手调整。你调整的快慢其实涉及到，你觉得要暴露多少的风险敞口才会决定去做调整，这其实跟他自己的风险偏好是相关的。有些人生性怕输钱，跟得就非常紧，这种我觉得他就适合做中性。

13　怕输，才能长期存活……………………157

出场完之后好处是什么？你不会再多输半毛钱了，你的数字刹车了。有人说但亏损也赚不回来了，我说急什么，交易机会多得是，但你看不懂，就在市场瞎搅合，不光花手续费，可能还

目　录

被打来打去，输一些无谓的数字，还不如看准之后再进去做。我们毕竟是做操盘的，不是经纪商，不需要为市占率负责任，所以每次在里面冲进冲出干嘛，你没看好下什么手，你都不知道行情怎么走，乱做单只是耗损而已。

14　交易中的身心准备 ……………………………… 165

一开始让你很积极向上的动力慢慢变得模糊的时候，你可能就不会像二三十岁刚入行时那么的猛、那么积极主动地去拼，但我觉得这个行业或者是这个岗位，它其实是需要一直拼的，这跟年纪无关。所以当你觉得你心态上已经在放松，没有办法那么紧绷去面对的时候，其实某种程度就暗示时间差不多了，你可能不能再停在一线，你可能要退居二线去做纯管理，甚至就退出江湖了。

和王维扬的交易访谈，在2021年国庆节前的一个周日进行，时间从上午十点持续到下午五点，地点选在他每次来京时下榻的千禧酒店。

王总的行程特别紧凑，工作日长时间持续地看盘、关注市场动态、思考应对策略、进行仓位调整，周末却极少在家"躺尸"休息，而是北京、上海到处飞来飞去，和朋友或其他交易员吃喝玩乐。王总的这种习惯，被朋友调侃为"保留着交易员的古风"，这种"古风"，指的是源自华尔街的标榜荷尔蒙的交易员生活：工作日在"战场"上不断厮杀，周末继续宣泄透支精力，流连于各种娱乐场合的声色犬马的生活。

保留这种"古风"的交易员，在周日的早上，自然很难早起。我们到达酒店后喝了杯咖啡，王总才睡眼惺忪地姗姗来迟。他没有吃早餐的习惯，点了杯冰美式，马上进入状态表示采访可以开始。

采访开始时，刚好和王总聊起他们公司参加的马上要结束的"期权实盘大赛"，王总操盘的账户，当时位居专业组第一名，但马上临近国庆长假，长假前的不确定性考验着交易策略，也给马上结束的大赛平添了最后一丝悬念（最终王总操盘的账户顺利拿下当年大赛的专业组冠军）。我们的访谈，便从关于大赛的闲谈开始。

1　行情背后的理由

做交易,每一个动作都要有它的理由。为什么你觉得要做多?我们曾经有交易员说,因为我觉得它跌不下去。我说,跌不下去跟涨上去是两件事情,跌不下去这件事情,也许只需要你觉得这里是底部,但是涨上去要有能够做多的理由。

1 行情背后的理由

今年参赛^①的情况怎么样?

很紧张。因为它比到9月底,而我们是4月底才报名的,所以前面那个月绩效毁了,虽然截止到三天前,我们专业组排名第一,但是我就很怕,担心最后时刻被逆转。我跟老徐(徐华康)说,后面也许会有黑马冲出来,因为我们报酬不高。老徐看过我们的交易记录说,你们纯粹就是靠风控嘛,就是靠压回撤。我说,不然呢,因为很多人比赛都是用小资金去比,为了拿名次风格比较激进(我们资金量较大,没法那么玩)。

这么说基本可以提前恭喜你了。

名次一定有,只是不知道最终是第几,我们大部分时间都在第一。某几天出现很特殊大行情的时候,有些押方向的策略可能就忽然上来了,我们就掉到第二或第

---

① 2021年方正期权实盘大赛,比赛时间段为2021年4月1日到2021年9月30日。

三，隔几天可能他们又掉下去，然后我们又回来，所以现在就非常紧张。

我们没有针对比赛去专门设计策略，因为其实要拿名次，用小资金去拿最快，拉报酬率或什么的，但我们就拿我们在方正的产品直接报名了，然后就照正常运作。

根据你的了解，现在国内主做期权这块的，不管是私募还是公募，体量最大的应该是什么级别？

10个亿上下吧。应该没有公募，公募大部分都是做股和债的，所以对期权这种衍生品类，我觉得可能没那么重视。我以前有个学长在一家公募基金，他做的是体量特别大的股票型基金，可是在2008年那一年也是随便输就上百亿，因为股指一路大跌，然后他们一路输，但我们那一年就赚得很爽。你说为什么他没有采取对冲避险这种策略，因为股票做久了，怎么想都是抄底。

当然，也跟他们公募基金有很多限制有关。我们做期权的话，其实没有预期市场一定要涨或跌，反正只要有行情，我就想办法去吃。股票其实还是有一些方向性的设限的，尤其是公募机构，相对地它有很多限制，所以它并不像一般散户那么的自由。此外还有仓位限制，如果现在是熊市，但按规定我股票持仓不能低于70%，那怎么办呢？对冲。但他们就不对冲，他可能觉得他的选股能力很好，然后硬扛。

你现在所在的私募是什么性质的？

集团本身是做商贸的。有时有人会问，为什么我没有选北京、上海或深圳，这几个金融业比较发达的地方，为什么选了南京？然后我就心想，南京是怎么了，怎么感觉好像做金融的不应该在南京。对我们来说，现在交易这么发达，尤其都是走网络的，所以我们人在哪里上班，这一点不是那么重要。而且，私募募的钱绝对不是只有你当地的钱。以我们来说，我们现在大概规模到9亿多，其中南京的资金可能只有几千万，绝大部分都是外面的钱。

南京毕竟不像北上广深，所以它的生活成本比较低，而且它本身高校资源还算不错，也有好的高校，我们招交易员还是比较注重这点，当然跟北京、上海有落差，但是还算不错。不过我们招人还不是侧重在本土学校毕业的，海归研究生居多。我们选人这一点跟其他家可能有很大的不同，怎么说呢，国内的金融专业，按我理解普遍是不教编程的，然后你说要招会编程的，那么可能要他学数学，但学数学的通常是理科背景，我认为做交易，金融相关的底子是要有的，宏观、微观这种经济类的东西要懂，包括货币政策，因为这可能涉及一些外汇、汇率，汇率又涉及国与国之间货币购买力强弱的问题。如果我单纯找一个理科生，只为了他会做Python、做定价、写编程，但是他很多金融底子欠缺，

1 行情背后的理由

他可能会变成一个往纯量化统计或者是所谓的概率结果去设计策略,而不知道为什么要这样做的人。

很多人做交易会看基本面或者技术面,我个人其实很反对以技术面为主的策略,因为其实技术面都是事后看图说故事,他比较欠缺所谓的预测性,甚至可能跟行情没有一致性,你会听到很多技术指标,比方说相对强弱指数、威廉指标,或者是像KDJ,这些他们普遍都有个现象,你会听到有人说,这个指标现在出现高档钝化或低档钝化。钝化当然很明显地我们知道,它跟行情走势不一致了,但是当下你不知道它不一致,事后你才知道它不一致。一个时不时就没有办法准确去刻画行情走势的指标,我觉得它就不好用,因为你不知道它什么时候会失真。所以针对某些技术指标我们可能会再去修正它的公式,尽量希望它能够比较贴近我们关注的标的的走势。

所以有的时候我觉得,技术面是事后再解释它可能发生的一些行为。有些人会喜欢用技术面去抓支撑、压力，但是对我来说，100个人去看，可能会有100种答案，位置未必是完全相似的，这个东西其实没有绝对对错。假设我觉得现在上证指数压力在3720点，那么现在行情涨到3721，你觉得它是突破了一路要冲到五六千点，还是它可能是个假突破？那到3719点而没有达到3720的预测的压力点的时候，它到底算不算达到了？这个东西其实都很难定义。有时候我们写一些类似大于、等于、小于这样的很简单的公式，但是大多少才叫真的有效的突破？所以这个东西其实不是那么好定义的，尤其是你知道行情发生的背后一定有它的理由，但这个理由可能真的不是所谓的它碰到支撑或压力，可能不是这样。

我个人是本硕金融背景出身，那么我们比较在意的，是它发生背后的理由。

做交易，你每一个动作都要有它的理由。为什么你觉得要做多？我们曾经有交易员说，因为我觉得它跌不下去。我说，跌不下去跟涨上去是两件事情，跌不下去这件事情，也许只需要你觉得这里是底部，但是涨上去要有能够做多的理由，而"跌不下去"这四个字好像不是做多的理由。不管大家把行情说得多么天花乱坠，它无非就是上涨、下跌、不涨不跌三种形态，但是在这些形态当中，你又可以按涨的幅度细分，比如说5个点以上的、3~5个点的、1~3个点的、1个点以下的。你也可以根据它的涨速细分，是三分钟内就涨一个点，还是每一分钟涨一个tick，一样都是呈现方向性的走势，但是它的速度不一样，幅度跟速度，这两大因素都要考虑。其实行情拆开来说就没有那么的复杂，但是它可能受到很多利好跟利空的同时影响。

所以我自己会比较倾向找海归，因为在国外不管金融也好，统计数学这些相关系也好，它普遍是教编程的，甚至可能是本科时期就教。按理说你要再往深层研究生领域去念的时候，其实基本上主攻就是Python，你念到所有衍生品的东西，你就必须要有定价，定价你就一定要学它的公式，学它的一些理论东西，接下来你要会计算。所以国内只教理论，但不教运用计算，这一点我其实挺吃惊的，也就是说可能大家了解理论上的应该怎么做，但是实务上跟不上市场真正的需求，或者说我们对交易员岗位的需求，他们可能就是不够到位。

国内金融类本科没像国外那样普遍开设编程课？

对，这个可能跟这些高校老师当年的求学过程有关。我以自己专业来讲，我们当年其实蛮幸运的，我大学念的专业是财务金融，但事实上它的前身是银行系，在我进去的前两年才刚改名，改名的意思是，原本他专攻的都是货币类的东西，那么这些学生可能毕业后走银行券商这种比较偏传统金融的路线，但后来学校可能想要市场化一点，所以改叫财务金融。所以它多了一些课程，像投资学、财务管理、各个交易商品的课程，我们那时候本科时期就念过不动产、证券投资管理、期货市场、期权、债券市场，也就是说那个年代可能你能够想象的一些交易品种他都有个别开课去教，当然这会比你念一个纯金融的东西扎实一点，对于进入金融市场这种二级市场交易可能会比较有帮助。

国外的话，因为他们的证券市场发展时间是比较长的，相对对于人才的养成，或者是一些培养的规划上，我觉得比国内的有系统得多。所以其实我们是一路在追赶，去学习境外的一些长处，然后慢慢去加强我们自身的东西。国内证交所从20世纪90年代开始成立到现在，其实算算不过30年时间，一路发展上来速度非常的迅猛，这些交易所的国际排名，或不管是成交量也好，或者是整个制度类的风控把控也好，我觉得是慢慢在进步，这点可喜可贺。

国外金融市场的发展比较少受到限制，相对来说受干预程度比较小，我们希望我们招的交易员是处在一个比较正统的环境下，因为我们学的很多量化计算方式、定价方式，如果受到一些外力的干预，其实它就是失准的，但是我不希望交易员最后认为只有消息面才是王道。国外的一些培养方式，或者是它的行情走势，以我们之前的经验，他是比较能够套用得上去的。

当然，每个市场有自己独特的走势和特性，按理说我们也算是交易老手了，可是我觉得我们还像菜鸟一样不停地在市场摸索，然后不停地去积累一些犯错的经验求进步，所以其实我觉得这跟你的交易年限没有关系，交易其实就是，你想要生存下去只能一直赚，它是一个很残酷的行业。

以我来看，交易其实是一个属于长期高压的工作岗位，既然是高压，我们自然会期待表现正常的情况下能得到比较优渥的回报，不管是个人成就的满足、名声的提升或者是个人财富的积累，我们都希望能够达到，所以我们愿意花比一般工作岗位更大的力气跟精力去完成。

2　挑选交易员

好的交易员的特质是什么？其实说不上来。传统的回答是这样的，看起来非常聪明、反应快、计算很强、理性甚至冷血，就是你感觉他天赋异禀。这是我们对交易员的传统认知，但是我们身边有多少是属于这样的，其实老实说真的不多。

你个人在交易过程中比较专注，对培养的交易员是不是也会特别严格？

反应要快。对我们来说，我们想要节省你在判断决策成形之后到执行的每一个环节的时间。所以包括一些交易软件，我们都有严格要求。我个人喜欢把我所有想要看的信息塞在一个画面里，因为这样的话我就不用去点画面切换。

以前有一家法国的做市商软件跟我们谈合作，那时候我们在深圳，他不想来深圳就说我们远程路演，结果他们讲自己有什么主要功能时就不停地在切换，我看了5分钟就不想看了，为什么？因为它基本上不满足我的需求，我们需要的功能它都有，但是它散落在每一个画面里面，我盘中没事就要不停地切画面，但是切画面要时间。切换之后，我眼睛要对焦，找到我要看的哪些信息在哪个位置，这之后我又不知道行情变成什么样子，然后我要再去切换，我到目前为止都没有下半张单，我就不停地在切换，而每个切换中间都有时间差。如果有一个画面能够把所有信息都塞进去，我今天基本上只要看着画面转眼珠就好了，不用动手做无用的切换，所以我可以随时准备停在下单的界面上面，这样的话其实整个执行的流程会比较快速。如果账户是小户的话，这个落差影响不大，但是机构这种体量比较大，所以你要调的单子不会是一两笔，可能一下就是几十笔，比如说期权的话，你可能是很多的情形下都在动，假设我下60笔，每笔你延迟了0.5秒，60笔下完你会发现，你比我原本讲的比较快速的下法足足晚了30秒，意思就是快速的人什么价格都吃得到，你什么价格都吃不到，所以你还得再删单，再去追加，再去改单，你的价格整个所谓的滑点冲击到底有多大，我无法想象。所以对我们来说，我们可能比较在意的是你的判断要快，决策要下得快，执行也要快。

现在执行主要还是靠人,不是程序化?

程序化它有一个限度,的确程序交易会比人的交易行为来得快,但相对它也比较单纯,它完全依照你写的公式、你的条件去帮你判断,直接去丢单,因此它的变化性也会相对少一点。

我们不想要让我们的产品户是属于类似一接多的方式,因为这样子的话,的确我们个人产值能够比较大,因为你能够做的交易账户或者整体的额度会比较大,但是对于公司来说,我的整体风险没有降低,因为我的每个账户结构都长得一模一样。当你在某一个产品户的持仓量达到市场的某一个程度以上的时候,你会发现你慢慢面临到流动性问题,因为ETF期权还是有熔断机制的,当行情急速变动的时候,因为我们是做所谓的中性动态调整,所以它一变我们就跟着调,但常常就是,可能还轮不到别家去做价格,我们家几个交易员噼里啪啦,不好意思被我做到熔断了,被我们追价追到熔断了。但是这样的话，一熔断三分钟的停止交易时间，其实它造成了我们的对冲方式可能会更受到局限，因为某些不能交易，那你怎样变化，用其他方式的结构去调整，这时候因为市场的价格是停滞的，但是标的却还是持续地在交易在变动，所以包括我们在看的波动率走势，那几分钟常常是失真的。

那我们其实能做的就是尽量去找交易所建议，希望能够及早开放，不要再做这方面的限制，因为在国外熔断其实是针对一些没有涨跌停板的东西去设定，熔断本身的意思其实是要降低市场过热的情绪，它让你暂停交易，让大家稍微冷却一下，不要过分地去盲目追价，不管是追涨或追跌，起到让市场比较平稳运行的效果。但是国内既然股票有涨跌停板，那也就是说进场前最大的风险已经可以固定，能够量化在那里，那么我觉得你中间又去降低它，反而增加了它的流动性风险，其实对将来这个是很负面的。

不管是对机构也好，对个人也好，其实我们做交易看重的是流动性风险，一些交易策略看起来也很赚，回撤也很稳定，但是最后我没上的原因是，它只适合小资金，它可能只有几百万容量，我们手上几个亿的资金怎么扎进去？剩下买理财？大家知道理财就那么些利润，你其实是没有办法覆盖整个产品的预期报酬的，那就表示它放大的时候，它就有所谓市场流动性风险的存在。

这个问题其实会很严重，我们很担心的是，我进场之后赚了钱，结果因为没有流动性出不掉，或者是我进场之后赔了钱，但是我想要止损却又砍不掉。这时候它展现出来的绩效不是你当初设计策略时的样貌，已经完全走了样，所以最重要的是流动性风险。

基于这个原因，我们有部分程序化交易，但是它目前可能还不是我们的主力，因为我希望我们借由不同的交易员去交易期权策略，虽然是同一种交易模式，但因为个别交易员在判断盘势的时候，总是会有些微的差异，比方说现在行情开始往上拉了，我觉得它的行情可能只会涨0.3%，B交易员觉得它会涨0.5%，然后C交易员觉得会涨一个点,这三个交易员可能因为他们对行情从0.3%~1%的预期心理不同,他选择了不同的应对方式,这样的话他们仓位结构就会有一些不同。对公司来说,公司发行了很多只产品,但是我并不是集中押在某几个持仓上面,这样的话其实它稍微能够降低一点整体的风险。所以我们没有很大力地采用程序化交易是这个缘故。

还有一点是,现在衍生品的人才其实在国内还是相对比较欠缺的,所以我们希望多花一点时间在人才培养跟打底这件事情上面。最终我们希望,公司的交易团队人不要多,但是每一个都很专精,质量很好,个人产值非常高。所以我们针对的不是现阶段他能吃多少资金,而是看能不能把六七十分等级的交易员拉到八九十分,这样的话他本身的这种策略开发能力提升、定价能力提升的时候,玩法可以更包罗万象,对冲能力可能会变得更好,在整个盘子的回撤控制能力更好,他个人产值提高的情况下,我觉得对公司肯定会有一些好处。

目前公司程序化的比重大概是多少？

20/80吧，程序化现在对我们来说是属于辅助性的，可能现在功能上比较单一。比如说我们是做一些中性对冲的策略，但行情偶尔会有一些突发的猛爆性行情，这个时候可能会有一些程序化交易针对Gamma急速变化，去做一些进场动作，去对冲我原本仓位可能会瞬间失衡的这种动作，因为人为你还是要有判断时间，而且因为你仓位锁得越复杂，你需要调整的交易笔数就会变多，当然你整体调整完的时间就会变得比较长，所以我们需要有一些比较快速调整的方式去帮你平衡整体的希腊值。

所以我们会采用一些比较简单的方式，用程序化交易去帮忙执行。

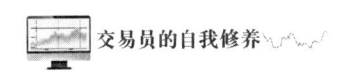

公司招聘交易员时会比较看重什么？

我们找的人基本上都是没有交易经验的，但不是社会新人，会有一些工作年限。因为新人普遍对自己想法比较多，可能对自身期待过高了，工作了两三年被现实环境折磨一下可能会比较好，也会比较接近真实的工作状态。

那么我们比较想要用交易小白，而不找有经验的老手，是因为有经验的老手可能在某些养成过程中，比如说，万一他待的单位是可以让他去冒风险去搏一把的，他曾经这样赚到了之后，他会觉得这种做法就是王道，那么我很难再让他去守风险做中性策略。

对我们来说，我们不想让任何一个人在我们这边破坏了公司定下的规矩，然后造成公司形象的损失，这个可能是无价的。

交易小白进来，我们从教理论知识开始，让他们去上实盘上线，去慢慢地磨练，去帮忙代为执行接单，然后再慢慢照他们的想法，一点一点往真正自主实盘交易的路线去变，这样的话算是比较有系统连贯性的培养方式。盘中他们基本上是自由发挥，但因为教的方式是一样的，概念上是一样的，所以大致上不太会有很大的变化，可能期权类产品做起来都差不多。像很多家机构来做尽调的时候，他会问公司产品主打的是哪一只，我开始常常会停顿想了好几秒。我后来就会说，其实都差不多，哪一只都差不多，因为绩效最好的交易员每个月都在换人，彼此落差以月报酬来看，可能就是0.1%~0.2%的差别，在互有领先的情况下，它整体长期拉起来报酬率，其实净值图都长得非常像。

所以对我们来说，我们没有刻意去塑造一个绩效特别好、特别稳定、回撤特别小的假象，我觉得可能跟我们集团老板本身做商贸出身有关，感觉上是比较扎实，比较稳定，比较低调一点，没那么浮夸，所以相对地，我们交易员大概也是属于这样的一个形态。

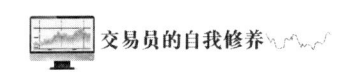

有工作经验，但没有交易经验，除了这点，你在招聘交易员的过程中还会看重哪些？

好像没有严格的标准。我们可能侧重的是，第一个，学历。我个人对学历或者说学校排名这件事情，其实非常的看重。简单来说是这样，假设我找的是头部的学校，那么他的学生往往只有两种，第一种叫做苦读型的，非常的认真努力，天赋一般，但是后天的努力让他达到一个比较好的学习成绩，这样的一个态度，我们想要。另外一种类型的就是，我不太认真，可是我天赋异禀，轻轻松松就能够考到很好的成绩。天赋异禀的，我当然也想要。因为交易这条路线是这样，100个人当中可能95个是输钱的，2~3个人是不赚不赔的，所以真的长期赢家可能只有1~2位。那么既然他是凤毛麟角，在整个高考的学生当中，我们到底要取排名多少前面的，才能符合我们所谓的赢家的比例。

所以基本上我们很看重这个。你说，那是不是后面排名没那么靠前的学校就都没有好学生了？这倒也未必，但考没那么前面肯定有他的理由，要不不够认真，要不天赋不够好。所以，在我们没有办法对面试者有太多的认知之前，学历可能是一个很重要的因素。

接下来第二个，除了学校排名之外，他的专业我们可能也是很在意的。

即使同一个金融专业，每个学校教学侧重的领域也会稍微不同。比方说这个学校金融老师可能普遍年纪比较长一点，然后他教的是比较传统型的，但有些年轻老师可能比较侧重在衍生品上面，金融工程领域的，其实这会跟我们的岗位需求比较匹配。但现在我们看到的很多念金融工程专业的研究生，他本科可能是学数学、学物理的，虽说期权定价是从数学里面拉出来一个很小的东西，但刚刚我们有提到，你会计算，你看得懂公式，但你不懂资本市场运作，对于宏微观经济类的、货币政策类的东西，你一无所知的情况下，我觉得你在行情的判断上会比较狭隘，可能会做出一些比较奇怪的决策，我们会担心这样的决策

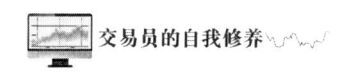

会造成一些负面冲击。

所以各个学校的专业我们可能还会去问,而我最常问的一个问题就是,你在研究生阶段什么课程学得最好。因为他讲出来的都是他最强的专业,如果最强的专业我们觉得不错,我大概对这个等级就有一个基本的认知,但如果他最强的专业表现我们觉得只是这样的话,他大概不会被选上了,因为其他的可能只会更弱。这样的话我们大概可以知道,这个学校这个专业出来的,你到底学习的状态如何,有的时候看成绩单是看不太出来状态的。

至于工作资历,对我们来说,前面两三年的工作资历其实不是那么重要,但我们会了解一下他转换跑道的原因是什么。

总体来看,在专业的基础培养上,我们可能是最在意的,毕竟职场不是一个养成机构,它其实很现实,我需要交易员短期内就会有一些产出,能够让他持续生存下去,所以不太可能说我定了3年到5年的一个培养计

2 挑选交易员

划,我们不是人才养成所。所以相对地,我需要学校去帮我们做出所谓的基础建设,我们再从中去筛选,找一些比较好的苗子,开始照实盘的需求去培养。

在挑选这些小白的过程中,假设他不具备刚才你说的头部学校、倾向的专业这些条件,还有可能是因为什么被选中?

个人特质吧,这个东西就没有一定标准了。我以我自身来举例好了。

我自己的家庭,就是从我上两三代开始,好像放眼望去都是学霸,而我刚好是我们家比较特殊的另类,就是从小爱玩不读书,课本可能到学期末都是白的,连翻都没有翻过。然后到大一点更严重了,开始翘课,高中开始去飙车、打球甚至打群架什么的,但成绩还可以。所以老师每次都会找我说,你还有救,你不要跟其他人一样去翘课,但是他其实都不知道我是带头的。

高考的时候我其实没有考到第一志愿，分数落在第二第三，但那时候跟家里怄气，因为那时候我们有一些可以全公费的志愿可以填，我们家都是走这样的路线。然后我爸爸就说，你要不要就这样走，因为那是师范体系的，基本上出来就当老师。我个性是比较跳的，不是那么稳，所以我觉得我不太适合当老师。然后我爸说，当老师有什么不好，而且不用钱。小男生听到这种话就觉得特别刺耳，我就说，所以你说到底就是不想出学费对吧？你就不要出学费，你也不要管我填哪里。然后我就去填了一个排名很后面的学校，连看都不用看，我知道我一定是这个学科的状元。我研究生努力考回了排名很靠前面的学校。

所以我面试的时候，会特别在意像我这样类型的，年轻时比较荒唐，后来长大发愤图强，洗心革面，想要重新做人类型的。这种通常因为他的动力会比较强，所以我觉得在交易路线上可能会是一个好的苗子，但是看来看去就没怎么看到这一类的。我想从后面一点的学校挑好苗子，像脑袋很机灵的，但要不就是他不够稳定，要不就是他不够听话。因为一开始我们想照我们的模式去教他一个长期能够稳定获利的交易方法，但是他们常常是学了之后，就随心所欲自己搞。对我们来说，你没有充分证明你能够独当一面之前，我们不允许这样的行为，所以中间就会有很多的摩擦。

一个好的交易员特质是什么？其实说不上来。传统的回答是这样的，看起来非常聪明、反应快、理性甚至冷血，就是你感觉他天赋异禀，反应很快，决断力很好，然后数学很好，计算很强。

这是我们对交易员的传统认知，但是我们再去看看所谓的学霸型人员，有多少人是属于这样的，其实老实说真的不太多。没有反应那么快就不好了吗？我们是这样定义的，如果他反应不够快，我们会让他去侧重在程序化交易，因为那不需要他临场反应快。当然对我们来说，反应快、算得快、理解能力强，这些对于他面对行情变化或去设计、执行策略的时候是有一些帮助的，但不是反应慢就一定做不了好的交易员，这两个不是等号。

我们也有一些从国外不错的学校毕业的交易员，但是我觉得反应怎么这么慢这么钝，我都怀疑是不是假文凭，因为这是世界排名在前面的学校，所以表现上你会觉得有落差。但是可能就是我们很想当然，觉得他应该就是反应特别快、计算特别好的这种人，但事实上他不是。我觉得最重要的是，既然我们面对的人选不是同一个类型的，你最终就是得把每个人放到他最适当的位置上。他反应慢，你要他做人为交易，那不是整死他了吗？然后你看了也不满意。与其是这样，你不如让他设计好一个比较严谨的交易策略，在进场前就把各自该对冲的风险给规避掉，不用看他的临场反应快慢，反正程序化会帮他搞定，这样他也能够成为一个很好的交易员。

我们对人才的要求会比较苛刻一点，因为可能他要担负比较大的压力，他必须要做到一百个人当中赚钱的那一两个。

3　交易员是怎样炼成的

我们想做的是,先把我个人的一些还不算失败的经验,去复制在几个人身上,把原本这个策略的盘子先放大一些,接下来让他们都能在市场上生存下去,之后再照他们自己的意愿发展。

3 交易员是怎样炼成的

这些被挑选进来的小白，大概会经历一个多久的培养期？

这个因人而异。曾经我们有一个交易员，现在做得非常好。那时候我们讲完课，他在我旁边看盘看了两天，我看他交易做了两天之后，我就说，你可以坐回位置自己单干了。

接下来就换他同期进来的另一个坐在我旁边，坐了将近两个月。有一天下班他跑来找我说，王总你是不是对我放弃治疗了？我说，什么意思，我没听懂。他说，为什么某某在你旁边坐了一个多月，我坐了两天你就赶我回位子了，你是觉得我不行吗？我说，恰巧相反，因为你的交易形态就是我们想要的那个样子，我发现你那种做法和形态很稳定，所以我觉得没什么好盯的，你就可以开始自己去做了。但相对地，他的同期我发现，我让你做中性策略，但怎么感觉你骨子里就一直要带一点方向，为了要修正这个事情，我多花很多力气。

我觉得做得稳的人这个"培养期"可能过得很快。

目前为止我们没有超过半年的，因为毕竟我们是盘中手把手带，所以这个速度可能会比大家想象中短，也可能是因为我个人交易的经验比较丰富。

我二三十岁的时候，我们可能是早上7:20进公司，因为要开晨会。接下来可能八九点开始挂单交易，交易到下午，到3点，欧洲盘开始了，然后继续，一下到晚上8点。美国的外汇、期货市场又开始，这时候欧洲盘已经走一半了，我们又换去做外汇。10点农产品开始，做到凌晨2点，差不多了，农产品收市了，然后后半盘我觉得大概就这样了，没什么突发消息了，很心满意足地回家。

我一直觉得我们这种从早上一路交易到半夜的，其实很扎实，尤其你面对的是不同的市场，不同的品种类型，有的是农产品，有的是贵重金属，有的是大宗物资，有的是指数、外汇，不同市场不同特性。加上一开始交易的时候，交易策略玩得比较复杂，我们做的都是所谓的结构性产品，类似现在的场外业务，但现在国内

3 交易员是怎样炼成的

的场外其实做得还挺单纯的，可能是一些针对单腿的东西，但这种东西以国外大行的发展经历，可能他们在20世纪90年代做的就远远不止这样的，他们做的可能是类似多腿交易，有点像我们讲的"雪球策略"，很可能90年代就已经开始搞了。

那时候我们老板是从花旗出来的，他常常就丢一份打印出来的东西，他说，你们看一下，给你们30分钟把这个产品给拆了，看到底是怎么样组出来的，拆还不止，拆完之后我们也包一个，我们报怎么样的价格条件出来，能不能赢过他们。

我们常常想国外大行有什么了不起的，只是你待在国外大行，我们去国外大行的话，我们就变得比较厉害了？在我眼里我们是一样的，你永远不知道你的交易对手是谁，想要挣钱只能战胜对方。

有一次我老板丢了美林证券的一个结构性产品，然后我们就看一看弄一弄，后来我就跟我老板说，三年15个点。他就说bullshit，不信。因为差蛮多的，然后我们说，因为我们市场现在能够接触到一些对冲工具，然后怎么样弄好点，这样才写出来，然后他说好，就这样干。因为我们那时候券商是银行背景的，所以我们就找了银行的所谓的尊荣理财会员，把有这种资格的客户海选出来，因为他们是普遍比较有能力去投一些产品的，所以我们就通过银行的渠道去狂推这些东西。当然里面会有一些需要保本的固收类的部分，我们就协同固定收益部，反正对他们也好，就多了一堆业绩给他们，所以就这样慢慢把这个做大。我们的玩法一直都是比较花式的，所以这可能比较符合现在我们说的量身定做能力，我们玩法一直都不是那么的传统，怎么样对冲能够做到风险不大，但是报酬却又不低，这样的效果一直是我们追求的目标。

国内现在私募24000多家，我们其实是一个后起之秀，成员都不是所谓的基金业出身的，我们没有所谓的知名人士，没有明星经纪人，也没有拿过金牛奖，那么在24000多家中我们的亮点是什么？观察一下，普遍国

3 交易员是怎样炼成的

内的私募比较追求报酬,但追求报酬的过程中,伴随的往往是你的风险敞口不断在扩大,所以我们一直倾向的是,走一条跟人家不太一样的路,去控制我们的回撤,我们讲求稳定。当然在一个市场比较激进的地方,这样的诉求其实是比较不容易被看见的,因为大家觉得你们就赚不多。很多人对于报酬率这个东西还是期待比较高,所以我也说比较难听的,就是我们其实心里面会比较期待市场永远都是熊市,因为熊市的时候,指增类这些跟股票相关的全部都躺平了,然后这时候大家会发现,原来做中性策略还挺好的,一年可能有十几个点,好的时候可能还可以超过20个点,回撤可能能够压在两个点之内,这时候大家会发现,稳稳的收益也是挺好的幸福。但是,当牛市可能又要开始,市场连续40几个交易日成交量破万亿,你会发现很多人又蠢蠢欲动,跑去买一些股票型的指增的,但是买了半天也没赚到钱。

所以我们想要走一个长期有效的交易策略,我们希望它属于财富管理的一环。做私募其实是做资产管理,你没有把客户的财产管好,你没有给他一个稳定的报酬率,他怎么给你长期信任,把资金长期放在你的产品里面?所以我们想要的是能够稳定,想追求的是一些流动性不那么好、能够长期停住的资金。券商、期货商的一些资金对我们来说是快钱,但是快钱流失得也快。

常常我们绩效还不错的时候,忽然有客户说,王总不好意思,我小孩要出国念书了,我把钱抽回去了。然后我就想,你小孩念书一年要几千万?但是你也不好说破。要不就是说,我们刚好摇到号了,我们要买房了,要验资了,要抽钱出去。这时候你就会觉得很沮丧,我明明做得不错啊,应该会受到他的认同,结果他抽资了。这对于销售员来说也是一个苦恼,你这个钱不够稳定,他就得一直想办法去补,找新的钱来补上原本流失的洞。对我们来说,整体规模会因为这样上去很辛苦,所以我们一直想要找一些能够稳定的。当然越没钱的越不稳定,但有钱的有时候他们很看重报酬率,他也不稳定,所以我们想要塑造出一个类固收的形象,费用后绩效能够达到10~12个点，好的时候甚至能到15%，但是回撤控制在一定的水平内，这样的话跟固收相比，我们虽然冒了大一点点的回撤风险，但是整体而言，我们的报酬毕竟还是中度风险的一个报酬，这样的话可能客户的认同度会比较高。

在你的交易成长过程中，接触的花样是特别多的，但是现在你们培养交易员的过程中，相对来说会比较单一？

我想做的是，先把我个人的一些还不算失败的经验去复制在几个人身上，把原本这个策略的盘子放大一些，让他们都能生存下去之后，再照他们自己的意愿发展。

每个人可能教育背景不同，比如说我们有人念金融工程，有人念金融数学，有人念自动化控制，其实老实说我是商学院背景，我就不知道自动化控制来这里干嘛，但是他偏偏很能做交易，好，我们就照收，只要能赚钱我们都收。每个人的家庭背景不同，比如说有的可能家里就是有钱人，有时候他做单的一些风险偏好，跟家境一般，但是苦学一路冲上来的，其实你会发现他们的交易风格会差异很大，虽然我们教的是一样的方式，但是展现出来的就不太一样。基本上苦读出身的人，他们控的数字会比较紧，因为他们怕有闪失；家境比较好的，通常对小资金的波动部分，他们就不会那么的在意。所以有时候我们也会看家庭背景。

他们就说你面试一个人，为什么常常从下午聊到晚上都不放过人家，一直聊不停。我说，通常会聊不停的是，我没有觉得他很好，可是我也没有觉得他很差，就在纠结我到底要不要用他，如果要用他我要怎么用他，我要确认一下，多了解，所以我就多方面拐弯一直在问问题，所以这个时间就拉得比较长。

每个人对于他自己的工作生涯规划是不同的，我们当然最希望找到的是能够跟公司的战略目标吻合匹配的，这样的话大家才能一路长期地合作下去。

3 交易员是怎样炼成的

但是有时候往往不是这么容易，我们讲短一点，比如说每个人招聘进来，我们都会有3~5年的对他的具体的想法，当然最后执行的状态要看他发展的速度。比方说我都想好了，他第一年应该要做什么，第二年怎么样，第三年再怎么样，但是，他第一年就卡关了，卡住的情况下，当然他先把第一年的关给过了，才能再慢慢地发展。这时候也许有些人结婚，有些人干嘛，就是有一些变化，跟当时他进来面试的时候，规划可能会有一些出入，你可能在规划上也要稍微改点方向，所以这个东西是没有完全一成不变的。而且每一个人追求财富的积极性不同，你会发现有些人就是很认真地在想新策略、修正旧策略，有些人就说这样还可以，当然这样两种路线发展起来长期是会有高下的。但是我们不能说，人家都冲上去你怎么不冲呢？因为个人选择个人的生活，对公司来说，只要你能够达到公司的目标，你要不要多冲一点多做一点，我们其实不在意。

说实在话，交易员毕竟是一个耗损率很高的岗位，大家常看到是赚钱，交易员好像走路都有风，讲话气场很强大什么的。但事实上大家可能都没有看到很多实际情况。盘中有一次我有朋友来，我说，盘中我现在没有空，收盘再跟你聊。他就坐在我们交易室的沙发上，然后他忽然很吃惊地看着某一个女生，因为女生开始爆粗口，这时候另外一个又开始拍桌子，通常我们听到时就知道，她又被市场打了。

交易员其实常常会有一些情绪的反应，是因为他处于高压。就像周星驰的《功夫》那部电影，他不知道哪个三师兄二师兄，就说你不要烦我，我的股票一秒钟几十万几百万上下。我们也有这种感觉，常常觉得自己今天留仓留得不够好，晚上看到美股有一些变化的时候，会焦躁得睡不着觉。因为我们会担心明天净值会受到伤害，然后就会想那要怎么办呢？明天9:30第一个动作我要做什么，第二个动作做什么，先把它调得比较稳当，然后再随着行情去做调整。

所以大家看到的是交易员表现好的一面，可能不知

3 交易员是怎样炼成的

道他背后付出的代价,甚至是身体付出了多少牺牲。常常有些交易员说,后面去吃降血压药,说太激烈了,心脏受不了,几分钟就从跌1%多忽然拉到2%多,来回4个点,做中性策略最怕这种行情折磨,因为就表示你的仓位在几分钟内要大幅调整,这时候万一市场要熔断,真的是雪上加霜。

很多人说交易员头上有光环,大家都想做交易员,可是交易员要生存其实不是那么容易。所以我们不想要鼓吹大家来做交易。其实按市场工具来说,如果我们自认是能赚的,我们需要多一点"韭菜"送上门让我们割对吧?但是你不知道,上来的到底是割人的还是被割的,搞不好我们被割了。所以我们其实是很谨慎地在面对每一天的行情,交易员的发展其实也是看状况而定。

(中场休息之后,我们从王总在华泰证券的工作经历谈起)

2014年去华泰时是在什么部门？

创新业务部。他其实就是要做做市商。开始也没有让我带团队来，他就是配两个人给我，然后我们再一个个慢慢找，几个月后交易所做市商比赛就开始了，我们就硬着头皮硬比，还好成绩都还不错，那时候豆粕我们拿了，白糖拿了，中金所做市104家参赛，我们第五，是二等奖。

你刚才提到培养交易员的过程中，每一个时间阶段会对他们有不同的期待，这些期待在每个阶段具体是哪些方面？

第一年大致上是养成期。从策略的养成开始，他要熟悉运作，运作熟悉之后，慢慢地再帮他放规模上去。到第二年单一账户达到一个接近规模瓶颈的时候，我们开始想办法让他做多账户，也是进行第二个账户。

3 交易员是怎样炼成的

第二个账户再慢慢地放大之后，如果就个人人为交易的规模来说，这时候大概就到瓶颈了，这样大概是两年到三年的时间。我们也算过，这样的话交易员照我们的预期报酬正常来算，年收入至少能够达到百万以上。对我们来说，这些可能都是二十几、三十上下的年纪，至少先让他们觉得，做交易比做其他的从薪资上来看并不差，因为有些特殊岗位，其实他的薪资成长速度是挺快的，交易这个东西我们也希望它大规模上去，但是这个东西又急不得。我们通常是按月看状况，他的状况稳定我们就加一点上去，比如说几百万、一千万地这样加，但加到一个程度可能开始有一点流动性问题的时候，要是没有前面那么稳定，我们就会停在这个规模。再一个月如果他没有调整好，甚至说还在往下掉，我们就开始再撤规模再减一点，让他回到原本比较舒适的一个状态。我们希望交易员处在一个比较舒适的状态去做交易，因为有时候资金大，你需要扛的获利金额其实相对提高了，对他们来说是某种程度的压力，你觉得市场流动性不够好，或者是他做得不是那么熟悉的情况下，就怕做错时候来回被打了几次，你可能就耗损很多这种成本，就更达不到原本预期的月报酬。

两三年后，交易到了一个瓶颈之后，这时候我们可能分为几个方面来看，第一方面，我们也希望交易所的某些限制是逐步放宽的，比方说持仓张数的限制，开仓张数的限制，或者是熔断制度的改善，因为这些制度变化可能都有助于交易员整体操作额度的提升，可能会使流动性变得比较好，所以当然他就可以放比较大的资金进去做，他个人产出的提成可能也可以稍微水涨船高一点。

对我们来说，个人产值高的情况下，我就不想要用所谓的人海战术，比如我养50个、80个或100个，我租下这一层，但是这样做下来，租金要多少钱，要多少座位，多少台电脑屏幕，网线到底要拉多少条，这些东西都是成本，然后每个人能分到的授权额度就不会很高，有的交易员可能觉得自己很厉害，可是你怎么给我这么

3 交易员是怎样炼成的

一点钱做，然后他就会跳槽了。

我们希望培养出来的人能够较为稳定，所以我们人数一直在做控制。我觉得交易不是打群架，不是人多就赢，我们会希望他可以一个打十个，一个交易员的产值能够顶人家十个，这样他个人的产出能够得到的就比较多。同时，我们控制人数的情况下，我们在管理上会比较有效。打个比方，如果我手下有50个交易员，假设我真的要尽好主管责任，收完盘、复完盘之后，我们一个一个检讨，一对一地谈，我估计50个人谈完隔天就开盘了，都不用下班。所以人数一多，其实管理上一定会有一些疏忽、不够到位的地方，但是我们不希望是这样。我觉得在人数可控的情况下，我们有些东西执行效率也好，管理效率也好，会比较能够提升。人一多，其实大家想法多或什么的，沟通上会有一些困难，执行效率就会差很多。

交易员在这三五年的过程中，会因为遇到什么瓶颈而被淘汰？

通常都是因为做不好吧，总输钱。如果是赚得不稳定，那还可以忍。客户投钱在我们这儿，他当然希望你是稳定获利，因为那是我们对外标榜的宗旨。但如果你又不稳定又不获利，他为什么钱要放在这？他会说，我买你们产品不如去放理财，对吧？理财多多少少两个点、三个点，你们都没赚对吧？

我也很怕客户跟我们说这种话，我们对于回撤为什么控制得紧，因为洞挖得越小，填补起来时间越短。最简单的说法，100万资金我输20个点剩80万，80万要赚回100万，你要赚25%，你会发现你用比较小的资金要用比较大的努力才能回本，也就是你洞挖得越小回来越快，净值持续回到稳定成长的轨道就会更快，相对资金的稳定度就会比较高。如果你挖一个大洞，你说你很稳定，其实你没有。形象这个东西要经年累月去积累，一

3 交易员是怎样炼成的

旦你没有稳定的形象,又好像没有高报酬,那是不是就玩完了?

所以我们对于回撤控制是比较在意的,因为我们是这样看交易员的,每个交易员都有运气好押对的时候,所以看他某个时候很赚其实不太重要,我们比较看的是他长时间是不是够稳定,在他不适合的行情出现的时候,他输得很少,甚至没有输。越没有输的策略,其实如果我是资金方我越敢押,因为我基本上不太会可能会受到伤害,即便是报酬率比较低,如果知道这个策略要么赚要么不赚,但是没有输的可能性的时候,我all in都可以。

但是,如果说他可能会赚50个点,但是可能回撤30个点,我如果是一个心态比较保守的人,我也许会拿5%的资金出来试试看,只是试试看,因为我个人不敢去承受亏损30%的风险。

有些人对资金、对报酬率的要求可能是比较激进的,但有些人比较保守,他可能自己开公司开企业,在

049

这边是稳定收入的情况下，他希望能够保本抗通胀之外还能有些许的成长，我觉得或许我们的产品就能够匹配这一类的需求。

在执行既定策略的过程中，有的交易员可能也一直在盈利，但是明显他的特质和公司的方向需求可能不是那么一致，这种情况下你们会怎么做？

打个比方，公司目标至少是想要年化15个点，平均每个月我希望大家能够达到1.25%的获利，只要你每个月都能达标，你年化绝对100%超过15个点，只是超过多与少，如果你每个月就刚好1.25个点，你就是赚15%。我们会这样说的原因是，当你每个月只需要赚1.25%的时候，你需要承受多大的回撤风险？3%？5%？我觉得可能只有零点几。我没有预期15个点的年化报酬率要在一把或两把行情内完成，因为那样的话我必须要开若干的敞口出去，那就不是我们中性策略标榜

3 交易员是怎样炼成的

的：不管什么行情下，我长期大概都是能够稳定地获得报酬。你就是在赌方向，其实做交易我们不喜欢讲赌，说好听点，我们喜欢说我们玩的是概率，但是你要押方向，大方向的出现概率有多少，什么时候出现，你其实是估不出来的。

既然估不出来，我就不会把它拿来当作长期有效策略，因为它可能都不出现。就算你说只要5%以上行情出现一次我吃一次，但它就不出现。

客户年初投钱进来，1~11月你都没做交易，然后你说放心，12月一把行情出来，我就帮你赚15个点，你觉得客户会相信吗？我自己说这个话我都不相信，因为择时的不确定性太高。

所以我们喜欢把年度计划去有效地切成12个月份，每个月份想要达到目标不高的情况下，你承担的回撤风险相对比较低，就比较可控。像我们在做一些程序化交易，比如说一波10个点的行情，可能很多人就是我跟你抱到底，只要这一波我赚的钱回撤不要吐掉，倒赔到若干点，碰到我止损之前我都不出场，很多程序化交易是这样干，尤其在国内。但是我们的做法可能就不太一样，我们可能是把它切成三段或五段，假设切三段的话，我可以每一段赚3.3%，按我们正常的盈亏比是2:1以上的话，我可能只承受一个多点的回撤风险，因为它还不一定会发生。如果说一个多点的回撤风险我觉得还是有点太大，连续来几次也还是很多，那我们再切细一点，我把10个点的波段行情切成五段，我每段只吃2个点，每次大概承受回撤零点几的风险的时候，我觉得就算我做错了，净值图上的表现会比较接近锯齿状，而不是忽然一个大涨大跌的震荡，像心电图的行情，这样的话，长期下来它的净值表现曲线向上，但是过程中你的震荡是比较微幅的，在一些基金的评比当中，可能这些数值会相对好。其实对于一些机构竞标来说，在不好行情的时候保持获利，或者是在风控上有比较好的能力，这样是我们想要展现出来的。

3 交易员是怎样炼成的

你当初刚入行的时候,所经历的教育成长过程,和现在你们公司交易员所经历的,是否相似?

完全不一样。那时在行业内做交易,大家可能一开始都是从研究出身,事实上绝大部分人都没有所谓的师傅。可能大家懂得都不太多,所以不太会有人认真教你,因为可能你教会了某个人,他最后把你踩下去了。所以那时大家为了竞争或者为了生存,其实是不太会共享的。

但目前公司不太一样,因为我们找的人都是小白,我不跟他共享,我等他慢慢成长,等他慢慢输,慢慢自己修正,再慢慢调整,我们没有那个时间。所以我们可能一开始想要做的是,我把我身上所会的若干部分先复制在他们身上,他们能够帮我去执行一些策略,然后能够生存下来,在帮我们把交易策略或者整个规模做大之后,再依他们个人的发展性格去找一些适合他们的策略帮他们去做调整,再去扩大他们个人的操作规模。

4 长期有效的交易策略

我们讲的是长期有效的策略,如果你的策略不是长期有效,你就是吃一年扛个三五年,也许做股票能够这样忍受,但是做衍生品交易,比如说金融商品部这些赚取绝对收益的,管你牛市、熊市、震荡,你都得赚。

你当初是因为什么样的原因开始接触交易？

我当年念金融专业其实误打误撞。早期我自己比较热爱运动，也有参加几个球队、田径队等等，那时候刚好又看奥运，发现美国代表队很多拿金牌的，有人甚至是学医的。那时候我们职业运动不发达，大部分家人还是希望我走普通的专业，我就想人家是学医的，可是一样能够均衡发展，我大学要学什么呢，其实我好像很多方面都有兴趣，最后填的金融只是因为想，不管以后做什么，至少自己要会一些理财技巧，所以就学金融。

在念大学的过程中，学校有办一些所谓的模拟竞赛，刚刚讲到我们的课程，包括债券市场、期货市场、期权、不动产投资，还有股票投资管理这些，每一个课程老师都会办一些模拟竞赛。我其实从小到大从来没有拿过第一名，但是模拟竞赛例外，不管怎么比我都是第一名。那时候我就忽然发现，自己是不是跟其他人在这方面有点不太一样。

因为我学习成绩不够好，所以在那个时候毕业后基本上是进不了交易部门的，因为学历不够，学校不够好，又不是从研究部门这样传统路线过来的。

后来，因为公司的衍生品自营单位在金融工程部，所以他们的交易员要做这一块，做期货交易什么的要做对冲，所以我又跑上去他们办公室教他们系统怎么用，然后他们说，这小伙子好像还不错，一问我是念金融的。那个年代其实念金融的人不太多，尤其懂衍生品的更少，所以他们就很想找我去，但是那时候主管不放人，我也怕自己去了能力不够，所以这件事情就这样不了了之。

两三年后有一次在街头上某家餐厅，旁边有人叫我，我一看是那时候的金融工程部的主管，他说你跑去哪了，就一直找不到我，然后我说我换行业了，我在网络正热的时候跑去做网络了，因为网络薪水高，大概是券商的两倍多。他说他去了一家新的券商，在找交易员，问我要不要过去。

后来我就去了。那时大概是2000年,我在行业内做交易大概是从那时开始。我当时就想可以试试看,因为毕竟学金融的,总是觉得做操盘手比较高大上一点,终于我也可以了,所以我是这样跳过研究关卡,直接开始做交易。

虽然那时候我是部门最赚钱的交易员,可是我是我们部门唯一一个本科毕业生,其他的可能都是海归研究生回来,只有我的学历看起来最低。有一次他们在讨论一个议题的时候,忽然问我说你的看法怎么样,我当时就愣住了,因为我从头到尾没有听懂那个英文名词是什么。那时候我忽然一阵心虚,因为他们一个是念会计的,一个是国贸的,只有我是念金融的,但我不知道他们说什么。那时候我就觉得,原来我只是靠着天赋随便乱做交易赚钱,事实上我什么都不会,所以我就自己又跑去报了研究生,然后很幸运地上了。之后我没有辞掉工作,有课的时候我就请假,然后去上课。后来领导发现我每个礼拜总是有两天在请假,他就忍不住了,他就说，我觉得你应该要在学校跟工作之间二选一。他觉得我既然这么赚我应该会留下来，没想到我就辞职了，我就跑去读研究生。因为那时候真的觉得自己只是表面上的金融专业，可是事实上好像不太会，专业底子不够扎实。

虽然到现在我也觉得没有什么帮助，但总归在学历上有些提升，稍微可以看了，没有以前那么糟糕了，然后绩效还可以，一直都还挺稳定的，所以慢慢地有点小名气出来。当时在某一家公司，研究跟自营部两个部门是合一的，所以我等于是在那里做自营主管兼带着研究部，是这样的模式才开始碰研究那一块。

也就是从那个时候开始，我才充分体验到，交易员的养成一定要放在交易单位，而不是放在研究单位。这些写研究报告的人本身不做交易，研究员写的报告，他想要写的效果是什么？四平八稳，甚至有些可能受到行规的限制，我不能强力说做多，也不能说做空，我这写的它可能会上涨，但也不排除下跌的机会，如果要拿来做投资建议,我也不知道它到底要涨还跌,我要怎么做呢?所以很多研究报告对我来说,其实是没有什么效果的。最多就是我们做调研的动作,他帮我做数据梳理,至于他写的文字,他的建议是什么,我都不看,因为你都不做交易,我都不知道你在说什么故事,你既说它可能涨,也说它可能会跌,到底它还是涨还是跌,行情同时间只会走一个方向,你居然没有决定,我们就自己判断。而在交易单位培养研究员通常很简单,他不是针对一般客户在用,他是针对产出交易策略的,所以这样对于研究员的能力提升上会比较有帮助。

产生交易策略,做交易,这两个环节如果分开,会出现问题吗?

应该这么说,以国内环境来讲,对于人才的需求一直都很急迫,以我自身的发展历程来看,国内很多岗位人才的升迁速度过快,也就是他原本该在下层的岗位积累一些经验能力，事实却是没有到位的时候就急着往上爬，当然这也可能是国内人数众多，大家对上面的岗位竞争过于激烈所致，相对于能力的积累这块是比较欠缺的。

一旦上去之后，你会发现很多做交易主管的本身不交易，为什么他不交易？因为他交易就会被人家发现他不会交易，或者是交易不好，所以他一定是藏拙的，他只要指点下面就好，下面做得好，是我带得好，下面做得不好，是他们不听我的，结果输了钱，反正有好没坏，但是这样对人才的培养其实是比较不好的。因为往往一时的成功，会让他忘却自己其实有很多的不足，可能会过分地把成功部分放大了。也许一时的成功，只是因为你的策略刚好择时择对了，这个方向刚好这时候有一波大行情，所以你就觉得自己做得跟神一样，但是你会做牛市，那熊市会不会做呢，震荡会不会做呢？我们讲的是长期有效的策略，如果你的策略不是长期有效，你就是吃一年扛个三五年，对我们来说也许做股票能够

4　长期有效的交易策略

这样忍受，但是做衍生品交易，比如说金融商品部这些赚取绝对收益的，管你牛市、熊市、震荡，你都得赚。我觉得公司有时候对于我们这一类人的期待是不一样的。

股票现在没有大牛市，你可以忍受这一波不赚钱。可是我们就不行，你不是什么行情都能赚吗？所以对我们来说，就会相对珍惜我们现在赚来的成果，不太会让他随便赌一把，又让他玩掉，所以这是交易风格上，你从不同单位培养起来的最大的差异。

在交易部门培养出来的，他做的东西会比较贴近我们真实的需求，但如果是研究部门的研究员，他做出来的东西可能是针对一般的客户。

这就有点像是一个学金融的学生，在研究生阶段学校叫你交期末作业，叫你跑一个模型，告诉你我们的要求是年化15个点以上，回撤5个点之内，好，你就做一个东西跑出来，结论是达到了，事实上很多研究员推出来的策略也是接近这样的效果。但为什么我们做自营的觉得不行，因为做自营的是，公司每天要结账，每天有所谓的财报，就是你有每天的报表出现，我每天都要数字交代，甚至到年底之前的这一整段过程中，我们时时刻刻受到风控的规范，有人死盯着你的仓位，A规定不能超限，B规定不能怎么样，所以我们不只看结果，我们是开头、过程、结果时时刻刻被盯着，所以当然我们的策略会是比较稳定的。但是如果我说年初买股票，你中间不要管，你看年底我一定可以赚到10个点，可是过程中也许输了50个点，你说它是好策略吗？如果是在自营圈，它应该已经"阵亡"了，已经没有机会赚到后面的15%的报酬了。

所以不同路线做出来的东西，你要求的品质会不太一样，他们讲的是结果论，但是我们是过程跟结果都重要，所以我们会比较强调风险或者回撤的控制，倒不会强调我这个东西到底有多赚，因为说白了赚不赚要看老天，你策略设计很稳定，可是没有行情出现，你就是吃不到赚不了。

4　长期有效的交易策略

放眼望去，公募加私募可能家数非常多，但是真正够得上等级的交易员其实不太多。当然你会说公募基金的产品规模普遍大于私募，所以很多比较细致的策略，它的容量有限的情况下，公募没办法拿来用，这也可能是一种说法。但是公募基金普遍追求的是报酬，所以对于风险控制，我觉得是环境造成他们没这么在意，倒不见得是人的能力不足，很多时候是环境让你变成这个样子的。所以你说，某家公募股票型基金，崩跌的时候跌得一塌糊涂，大盘跌了50个点，他们跌了40个点，他还觉得相对报酬他们是好的。可是我如果亏4个点我早就被公司砍了，早就滚蛋了。所以我说不同环境要求不同，他们追求相对报酬，我们追求绝对报酬，不管你涨跌，每个月、每年你一定要交盈利数字出来。

所以对我们来说，做绝对报酬才是真正资金在追求的，他投了你，你说大盘跌50个点，我帮你少输10个点，我们跌40个点，阿尔法赚了10个点。你要知道，他持有现金他都不输钱，他买理财还可能赚两三个点，他为什么要容忍你输40个点？所以我觉得会讲相对报酬的，可能都是营销上的一个话术，我觉得它不太合理，因为大家要做交易，无非是为了挣钱，难道说一般客户投钱给你，只是为了帮你冲市占率、冲交易规模吗？不太可能的，他只是期待他的财富能够更大化，所以可能公募私募在追求的目标上会有一点差距。

培养出一个优秀的交易员难不难？

我觉得交易员分很多等级，比如说我心里面会帮交易员打分数，我觉得能够生存下来的交易员大概是60分的等级，他能够赚钱，能够一直活在市场上，但是他会不会是一个人家说的很好很杰出的交易员呢？可能未必是，因为可能不够犀利，回撤控制能力不够好，等等。其实就像金字塔一样，分数等级越高的，上面越少，越稀缺，到底稀缺到什么程度我不知道，但是市场的需求是大的。

4　长期有效的交易策略

这么说好了,公募先不谈,券商也先不谈,银行保险这些交易单位都不谈,国内私募24000家,每一家需要一个所谓的栋梁级的交易人员,那就要24000个,请问国内一年到底能够产出多少这种顶级优质交易人才?我猜券商自己都不够用,你说他如何能够把人才普及到各个需求的金融单位上,所以这方面肯定是缺的,当然这就会造成了所谓的"挖角风"很盛,跳槽很盛。所以我们为什么说我们想要自己培养,是因为我们想要找跟公司战略方向比较接近吻合的,志同道合的,能够长期一起合作发展的,然后我们把福利搞好,自然他们去别家的概率就会比较低。

所以我说我们做私募比较像是在创业,而不像是我去依附在一家企业里面拿他的岗位在工作,这一点其实有很大的差别。

优秀的交易员一般有哪些特质或共性？

交易形态有很多种，这个其实不是很好回答，但普遍来说，不管做哪一种策略，他对市场的敏感度是要够的。

每一种策略对于他的报酬和回撤的要求、目标不同的时候，其实你选择的策略就不太一样。你说你要一年赚50个点，回撤1个点，如果能达到，我估计除了高频交易之外没别的了。然后你说如果是股增的，那就要行情够配合都不回撤。你不能告诉我说自己选股真的是天下无敌，我其实是不信的，一定要行情够配合，但是行情够配合它不会是长期有效的，你今年配合了，3年、5年、10年呢，每年都这么配合吗？如果做得到，早财务自由了，而且我觉得那个应该就是我心目中接近100分的交易员，但是没看到谁是这个等级的，目前真没看到谁。

想要越高报酬，你只有两种可能，第一个它的容量很小，第二个你要大容量没问题，开敞口吧，要不你开方向敞口，要不做期权类的，你开所谓的波动率敞口，否则的话，你不太会有超额报酬。越稳定，回撤压越低，风险压越小，基本上你报酬就跟着被压缩了。我们都知道报酬跟风险其实是相对应的，正相关的，所以你不太可能说我报酬很高、回撤很低，我们也想追求，但是的确是有执行上的困难度在，所以我们只能说做到中间一个比较平衡的地方，在这样回撤控制的情况下，在这个标准下尽量求取报酬最大化。

而且市场是流动的，就以股市来说，不同时期的参与者，你可能在股市上占的比重不同，或者说因为股市里面就算都是机构交易者，可能也有很多种行为，有的是做单方向的，有的是做对冲的，或者是做跨市场的。

我们其实也一直在学习，什么策略，它在现在这个环境下市场容量大概是多少，大概发展到什么程度，它的流动性开始有一些限制，开始有点流动性风险的时候，我们要怎么样去把这个风险置换掉，或者我们去增加什么样的方式去对应它，增加对冲的方式也好，或者我们把这样的策略复制在其他类型的产品上，这样无形中可能也是慢慢在扩大我们的交易规模。

一般来说，做交易员可能大家的专业出身比较接近，可能金融的、数学的、统计的、物理的，偶尔我会看到机械类的，但大部分是属于这个领域。之前我们也有一个同行，他是念法律的，跨度也比较大。其实我觉得不管他是念什么专业，他本身逻辑的理解能力要够，他需要有决断力。至于说到底是不是会算、算得有多快，我觉得这倒不是很普遍性的，个别落差其实比较大，但是逻辑思维这一块，我们看到交易比较稳定，或者是表现比较好的交易员，普遍逻辑性都比较强。

我到35岁之后，才慢慢悟出一个道理，以前毕竟是念金融出身的，到研究生阶段其实念了很多跟统计计量相关的课程，所以我一直以为我们走这一行是在玩概率，那么概率高的你去做统计检验，它会比较显著，你就觉得它应该就是合理的，会倾向这样，但事实上有很

4　长期有效的交易策略

多市场现象，它统计起来是显著的，但是它不合理，它没有道理可循。

打比方说，可能很多公募基金在年初募集的时候会说，我们统计过去15年的1月行情，有10年上涨、5年下跌，所以1月行情有66.7%的概率会上涨，所以鼓吹大家在1月的时候买进基金。但为什么？其实交易在意的是背后的原因，你觉得它大概率会涨，它原因是什么？如果这个原因是合理的，它能支持你所谓的一个统计数据结果，我觉得它或许就可以发展成一个交易策略来看，但如果纯粹就是因为巧合，那么可能长期来说它的验证性就不够，所以对我们来说这个逻辑没有什么所谓的合理性，你应该要合理上涨，要合理下跌，但是背后原因不够充分支持你的结论。

以前我们有一个交易员弄了一个策略，他是做两个品种之间的对冲交易。通常我们做这种所谓价差收敛型的交易，一定是价差发散到一定程度之后，我们觉得相关系数很高的情况下，它会往均值之间靠拢，所以你乖离太大的时候它是会收敛的。一般来说我们做传统的价差收敛的策略是这样的。但是他做的就不是,他说只要有强弱之分,即便近乎没有价差,他也是做一多一空去做收敛,回测起来看非常赚。看到这个策略的时候我也想不通为什么,我觉得听起来有问题,只是说不出问题在哪里,既然跑出来数据这么漂亮,那就上吧。结果上了之后赔个不停,因为价差一直都没有收敛,一直在全程发散,可以说他回测的期间跟他后来实盘上线的时间,整个行情的走势已经不一样了。

我们可能会解读为,你回测期不够长,它涵盖的行情种类不够多,所以它只能针对特定行情有效,当行情换成另外一种的时候,可能它就失效了。

所以这个东西我们还是会比较在意逻辑的合理性,而不会只单纯看它的统计数据,它这样出现的概率高不高,胜率如何。因为胜率这个东西很难说,你赚一毛钱也是赚,100万也是赚,但是这两个的获利程度是不一样的,所以我不能以他的胜率,损益大于0或小于0,单纯这样的一个条件去判断。

对冲型的策略，基本上都是基于相关性的关系。无论是跨期交易的或者跨品种交易的，或者是现期货对冲的，都是属于这种看相关性的。你相关性要够高，它才能够在价差发散之后做有效收敛，否则你随便拿这两个东西来做对冲，它可能就是各走各的行情，搞不好空单一直涨，多单一直跌，它就没有所谓的价差收敛这个现象。

做这种策略首先就是相关系数要高，但是相关系数并不是决定这个策略好坏的唯一因素，因为有可能刚好两个品种的行情在某一段时间走势非常的雷同，相关系数非常高，但等你进场之后发现他们两个各走各的。

有的时候相关系数是会变的，我们要追根究底去看，纯粹是相关系数高，还是他们是属于同类型的，还是上中下游产业，一个同样的供应链相关性会比较高，这样的话其实会比较有合理性。

5 以交易为生

在能力上,我肯定不是最优秀的那一类交易员,不然早就退休了。如果做评价,只能说还行,至少还活在这个市场上。我觉得很幸运还能在市场上继续经历着。

交易这么多年，你最大的感受是什么？

挺有趣的一个工作。其实从事金融业尤其是做操盘的工作，最大的乐趣我觉得就在于行情的不确定性。当然行情的不确定性会增加我们做交易获利的难度，但正因为这样，它是一个比较有挑战性的工作。行情一直变化，没有一个固定的轨迹可循，它的变化越多，当你战胜行情能够获利的时候，其实你的满足感是比较高的。

这个工作可能要你不断地面临新的挑战，你昨天获利了，不代表明天你能够持续，所以你每天都在面临不同的行情，不同的挑战。每天的行情背后都是不同的利好利空因素混合起来的，我觉得就是因为它不可控，所以相对它有趣，尤其一般人交易挣不到钱，而我们挣到钱的时候，这个满足感可能就更高了。

当然它的另一面也是很大的压力,那么这种压力怎么去面对?

对,其实有时候看交易员,我们在面试的时候会看他们的抗压性好不好,或者是平常有什么休闲活动,看他们追求成功的渴望程度或执着程度。交易其实是一个输输赢赢的过程,我们不知道他输钱的时候会不会很沮丧,会不会整个心态都崩掉。

我们很在意的是,一天一个交易回合,当今天收盘之后,不管你赚钱或输钱,回合已经结束了,我们盘后复盘之后,我今天做了什么动作,有得有失,去检讨之后,如果以后再发生类似的事情,要减少错误的概率或者减少错误的时候损失的金额,这样我们才有收获,才有成长。相对地,如果做坏了,我们是不是就从此一路沮丧到底呢?明天又是一个新的回合开始。所以我们会希望交易员本身是比较有弹性的,并不是很会钻牛角尖的这样一个性格,因为赢也好输也好,明天全新又要重来，一天一天地重来。

交易不是你做三天两天就结束的，你如果把它当做一个工作生涯来看，其实输输赢赢是常态。如何去面对失败，输钱的时候心境调整很重要，所以我们会看他平常运不运动，或者是他自己私下休闲是做什么活动，或者说他是不是真的很内向，不与人沟通，不善于去调整自己的心态，因为这可能会影响到他长期交易的品质。

需要有一个交易之外能平衡的东西。

是的。有些人说他下班会喝酒，找朋友聚聚解解闷，有些人可能就去做运动，有些人可能就不说话听听音乐，各个人有各自调整的方式。没有说哪一种方式一定会比较好，无非就是你要把心态调整回来，今天的输你记住这个教训，但是输钱的负面心态不要带到下一个交易日。因为现在交易日全新开始，大家都是从不输不赢开始的，所以我觉得长期起起伏伏，心态调整对交易员来说很重要，是一个很重要的课题。

你个人是通过什么方式来平衡和调节？

我其实好像没有特别调整的方式，可能我算自我修复能力比较快的。当天我输或赢，其实看我的表情就知道了，三点收完盘，我会笑，那表示我那天是赚的，但如果我都不笑，那一定是失误的。然后他们就说，王总，像你这样的交易老手应该早就看淡了这种输赢的东西，怎么会还是这么明显？我说，因为我们在意输赢这件事情，我不相信哪个交易员不在意输赢，越在意，越不想输，所以当你输的时候你肯定不会开心。可能收完盘的时候，我表情就会浮在脸上，但是到下班的时候我可能就恢复正常了，因为我是属于比较公私分明的人，就是公领域的事情，我不会让它延续去影响到我私领域的情绪，所以当我下班后我就不太会去看行情，不太会去想公司的事情，但是在公司上班的时间，就会尽量去提高工作效率。

我觉得工作一方面是为了寻求自我满足，一方面是为了挣钱求生存，不管哪个目的，它也只占你一天24小时中的一个部分，我不想让它的不高兴放大影响力，影响到我全天，下班有下班的私人领域的生活，我可能长期交易，慢慢地就不太受影响，所以我没有额外做什么调整的动作。

在交易这件事上你怎么评价自己？

一般人看起来，觉得我就是很热爱交易的人，但我自己的说法可能不尽然是这样。我觉得我看起来热爱交易，是因为我有从它上面挣到一点钱，所以我有一些满足感，我相信如果我做交易一直是输钱的，我可能已经改行了。所以交易挣钱基本上是做交易员存活的一个必要条件。我们可能也只是为了生存在这个市场上，很努力地让自己不是一个赔钱货，挣钱证明自己的存在价值，慢慢地看能不能在这个行情中多挣到一点钱，过比较好一点的生活。

　　我的确爱交易，不然以前也不会从早上一路交易到半夜两三点。我觉得一定要有一些交易狂热，也就是说你必须要热爱这样的一个工作内容，而且你也必须要能够胜任它。我很爱打篮球，可是我的偶像从来都不是乔丹，因为他能做出来的动作我做不来，我的确很想，但是得现实一点，大家资质条件差太多，你只能看，但是跟不上。我可能会照我自己的状态去衡量，我还能发展往上提升到什么程度，尽量往那个方向做，因为我相信没有什么交易是十全十美的，常常你会误判，常常会下错单等等，所以其实一直都有改善提升的空间。加上我们说行情，其实它是属于随机的，太多利好、利空因素影响，太多不同交易行为的人在里面掺杂着，所以其实市场所谓的赢家的游戏规则，一直在改变，我们只是一直想要追随赢家的角度，看看怎么样能够赚钱，怎么样能够继续留在市场上。

在能力上，我肯定不是最优秀的那一类交易员，如果是早就退休了。我觉得如果做评价，只能说还行，至少还活在这个市场上。我觉得很幸运还能在市场上继续经历着。

可能我也不知道自己的极限在哪里，从入行以来，我也没有真正有师傅去带领，所以其实一路以来就是自己摸索，不管做对也好，做错也好，都是自己慢慢摸索成长上来取得一些经验值。

所以说到顶了吗？我觉得是没有，到底还有多少空间，我也不知道，反正就是不断地摸索向上吧。

可能年纪大是一个优势，我想应该这么说，随着交易年份拉长，可能我们经历过的市场或者经历过的行情种类比较多，经验值这个东西其实不是一些年纪轻的交易员能够随便替代掉的，因为他看过的行情、经历过的市场就没这么多。这是我们用时间和岁月换来的，这个东西其实是无价的，但这个东西也是我们教导下面交易员时最难教的一个部分，因为我经历过这个行情，但你们没有，我很难让你理解，遇到这个行情的时候你到底要怎么做，因为你连看都没有看过。

当然，在我们求学阶段，那时候1987年，可能美国黑色星期一跌了23%的行情，我也没经历到，因为毕竟还是一个小高中生，但是20世纪90年代以后包括网络泡沫，2008年次贷危机这些，我们的确一一遇到，遇到过好几天涨停板，也遇到过好几天跌停板的行情，也遇到过期权波动率飙到190%这种很极端的行情。但是你说这就到顶了吗？我也不知道是不是终极的行情就到顶了，如果这么容易到顶，那黑天鹅应该很少，大家就不用这么惧怕黑天鹅的发生。

所以这么来说，我每一天做交易，其实还是战战兢兢的，因为不确定有没有什么太猛的突发性行情出现而让我们挡不住。

6　对于风控的认知

你不能冒着把本金拼完输光的风险程度去赚报酬，这不太可能。你回撤越大，你"补洞"的时间就会拉得越长。是因为你花了时间，让时间来帮你填补亏损，还是因为这个策略其实从头到尾都很有效？

6 对于风控的认知

你个人经历这么多事情，有没有什么经验或教训想分享给年轻的交易员的?

我是一个交易比较谨慎的人，其实我没有真正的大输过。对我们来说，进场前的准备工作其实很重要，如果我不追求高报酬，我自然不会去担负高风险，这是相对的。同样，要赚到一定规模的获利，那么你要用什么方式，什么市场，做什么样的策略，其实中间的差异变化性很大。如果我是一个风险趋避者，我自然不会冒风险去追求所谓的超额报酬，相对我就不太会遇到大回撤。

当然很多人会说，风险的大小，它只是告诉你潜藏亏损的可能性有多少，它不一定会发生。但我们怎么知道它发生还是不发生，万一它就发生了呢？我觉得我承受不住发生风险后的结果，所以一开始在策略设计上，我们对冲的就会锁得比较紧，即便是出现极端行情，你的风险也很可能是可控的，而不是今天净值1.2、明天剩0.2这种，或甚至就直接跌破0，然后被清盘，不至于是这样的一个状态，因为这样的状态没有人想要承受，也没有人能承受得起，所以我们会想办法把风险控制在几个点的范围之内。

我觉得对于市场要有一份敬畏的心，或者说对于风险要有更明确的认知，而不要赚了钱就觉得自己变无敌了，然后对风险这个事情就比较轻视。

行情是随机的，随时都有意外发生，我不知道它什么时候发生，所以你就只能去尽量控制发生时候的回撤忍受程度。

在这么严格的风控下，你经历过的最长的连续亏损是多少次或者多长时间？

多少次我回答不出来，因为一天交易可能有很多次。多长时间，其实通常不太会超过一个月，但是曾经有一次比较大的回撤，我们花了整整三个月才恢复，对

6　对于风控的认知

我来说，前前后后花了4个月不赚不赔，对于资金方来说，我们就觉得很难交代，因为明明多赚少赚都是赚，但是你偏偏就没有赚，在里面瞎搅和了一阵子，最后还是没赚，所以我们会希望尽量去减少这样事情的发生。

就像我刚刚也说到的，如果我控制的回撤幅度比较小，那么我回补的速度就会比较快，让自己创新高的时间就比较早，这样整体净值看起来相对就会比较平稳。但如果这个回撤大，可能资金方忍耐不住就直接赎回了，争面子、把数字扳回来的机会从此就没有了，所以我们还是会比较强调控制风险。

当时这次比较大的回撤，是什么原因导致的？

那是一个价差策略，那时候价差不停地做发散，所以进场之后开始有些浮亏出现，但是价差持续发散之后，后面的价格差其实是更漂亮的，我们也有一些加码的机制就不停地在加，但是越加你每单位亏损就越来越庞大，因为它一直都不做收敛。

这其实是我们在做策略回测的时候会比较在意的。我们一个策略的回测时间至少会跨到5年以上，是因为我们想要它尽可能涵盖牛市熊市比较多样的行情，而不是纯粹回测半年一年，如果去年就是牛市，那么没有牛市这个月还能不能赚，你其实心里不知道。

我们想要找到的是一个长期有效的策略，所以当你回测期越长，它涵盖种类越多，当然它的可信任度就会提高。那次其实也是等了将近一个月，然后慢慢做价差收敛，所以数字慢慢地回来了，但回来速度就很慢了。当时那次策略本身没有大问题，只是那时候市场比较异常，发生了一些特殊状况，但是因为它也没有触发到我们止损减仓的条件，所以我们还是照着原本的步骤去做。

6 对于风控的认知

你认为大部分非职业交易者，有哪些常见的错误行为或想法？

我觉得最大的差别可能在于对于风控的认知，更精确的讲法是，一般交易员如果是私底下自己做交易，因为资金是自由的，所以他的尺度可能会比较大。但是如果我在机构做交易，拿的不是公司的钱就是客户的钱的情况下，其实相关的风控规定、尺度是紧的，也就是说，你不可能冒着把本金拼完输光的风险程度去赚报酬，这不太可能。但是如果是私有资金，他可能觉得，我最多就把这个钱输光，反正我拼到底。

所以当这个尺度有大幅的差异的时候，你选择的交易方式就会差很多，但就像我们刚刚说的，你回撤越大，你"补洞"的时间就会拉得越长，所以最终你的策略到底有没有效呢？是因为你花了时间，让时间来帮你填补亏损，还是因为这个策略其实从头到尾都很有效？

这是我们应该要先去面对的，你要搞清楚你今天亏损到底输在什么原因，它合不合理，是很罕见的还是常见的？或者说市场形态已经改变了，过去不常出现的这种亏损状态，现在变成常态性的一两天就来一次？这个策略有没有失效？其实我们是这样看的。或者说现在是在亏损的情况下，它是不是在我们原本认知的可控范围之内，还是说已经超过我们原本预计的一个亏损限度，如果超过的话，当然就要重新检讨你的策略是否还要继续执行，或者是说可能我们要先停止，然后再去做一些修正，择机再进场，这时我们可能就要这样做判断。

在券商这样的专业环境下培养出来的交易员，对风险控制的能力普遍比一般交易员来的好。因为一般交易员可能在风控上比较没有限制，好处就是随心所欲，但是当行情不那么舒服的时候，你就可能会输得非常惨烈。但是如果在有一些风控条件的保护下——你可以说它是限制，但你也可以说它是保护，你输的金额是可控的情况下，数字能够反弹回来的概率就会提高，我觉得这是最大的差别。

6 对于风控的认知

对于职业交易者来说，又有哪些常见的错误行为或观念？

这跟交易员个性会有点关系，我觉得。有些交易员对于自己的判断能力或对行情的理解能力很自信。你越自信的时候，你越不容易认错。但我们都知道，市场永远是对的，所以交易员坚持自己的看法，不见得有好下场。

假设今天盘前我们在开晨会的时候，我觉得昨天美股崩盘了，所以今天国内市场也会受到一些影响，应该是下跌为主，所以我可能想要逢高做空，我去抓这样的一个态势去做空。结果开盘后不停的利好出现，不停往上涨，这时候到底要坚持我做空的想法，还是随着市场跟着做多呢？其实理论上我们应该要跟着市场走，它涨我做多，它跌我做空，我坚持的理由因为后面市场的一些事件变化造成了改变之后，我对市场的看法或者判断就得做改变。

我对于行情的看法大部分时间都是比较随机的，所以这也是为什么我们选择做中性策略，因为我们没有赌方向，我没有觉得它应该要涨或应该要跌，反正它变动了，我们有我们调整的机制，盘中动态调整跟着实时的动。因为我们赚的不是所谓的方向的钱，所以相对地，我们在这方面发生错误的概率就会低很多。对方向越执着，可能会冒越大的风险，无形中可能就会随着这种心态慢慢地放大。

7　中性交易策略

中性策略可能是培养交易员做对冲手法比较好的一个策略，因为它在意的是对冲能力。期权又是跟股票期货比起来进入门槛比较高的一个品种，所以当交易员习惯了做期权对冲的时候，就表示他对于对冲的玩法比较得心应手，回头再去做股票型的对冲或者期货的对冲，通常会做得比较好，因为等于是从一个难度比较高的东西降维打击。

7 中性交易策略

现在你们的产品主要是哪一类的？

目前是股票期权，还有一部分是做现期货对冲的策略，基本上都是属于中性策略。

当初在华泰做做市商时的策略呢？

其实做市商的策略是包罗万象的，你能够喊得出来的策略，都可以放到做市商里面去进行。原则上正统做市商业务，尤其是期权做市商，因为它毕竟是要协助交易所去提供市场流动性，所以必须要同时挂买方跟卖方在市场上。做市商比较强调的是防守，因为你的仓位都是被动被市场成交撮合的，所以我前一秒钟的持仓跟后一秒钟的持仓，可能会差异非常大。你的仓位变化的时候，你需要做怎样的对冲动作调整，跟你真的主动交易，自己去借你想要的仓位，这种心态会差很多。所以做市商大部分时间在允许的情况下，做的都是属于比较中性的，当然有时候被行情弄来弄去，整体仓位偏了那没办法。也有一些同行，他可能带着方向去做做市商去调整，其实没有绝对对错，如果以防守来说，我们觉得做中性会比做方向来得稳一点，因为方向做错的时候，这个输赢可能更大、更加速，所以做中性可能会稳一点，但中性的话就变成更讲求你的防守动作跟调整速度，这个部分可能会更要求一点。中性策略基本上是培养交易员做对冲手法比较好的一个策略，因为它在意的是对冲能力。期权又是跟股票期货比起来进入门槛比较高的一个品种，所以当交易员习惯了做期权对冲的时候，就表示他对于对冲的玩法比较得心应手，他回头再去做股票型的对冲或者期货的对冲，通常会做得比较好，因为等于是从一个难度比较高的东西降维打击。

中性策略是一个比较平稳的策略，所以它适合公司发展初期去作为经营的主项目。当一个稳定的形象塑造出来之后，可能有多方面的个性化需求来找上门，这时候其实能够凸显我们的金融工程对冲能力和策略设计能力。

我交易初期玩的都是策略性的东西，比较复合性的，并不是说单腿或双腿这么单纯，玩法比较杂，也可以说比较花式，相对那时候觉得比较有挑战性。但是做久了，你会觉得有时候化繁为简很重要，因为仓位越简单明了，调整速度越快。

如果现在做一个波动率曲面交易，最后我手上四个合约月份，总共有五六十个行权价，我就算一笔能够把单一行权价直接出清仓位，我也要下五六十笔单，但是如果押方向，我可能一两笔就把它出完了。所以执行效率，跟市场当时的流动性的深度，可能是我们考量要在某一个策略上放多少资金的关注点。

对于做中性策略来讲，波动是大点好还是小点好？

讲法不一样。我认为中性策略希望遇到的是小一点的行情，因为这样对冲成本就会比较少，不会一直在做动态调整。但是如果波动小的话，相对波动率就不高，做波动曲面交易的其实利差就非常小，赚不到什么钱，所以可能很多同行做这个策略，他希望波动率是偏高的。我们当然希望波动是由高降低这样的一个趋势，而不要去由低变高，这样的话过程中你开始建仓的部分，后面都会变成浮亏，因为它的波动率差一直在发散。

8 交易中最难的事

最难的可能是如何看懂盘势。我们会做错单往往是因为没看懂盘的走势,所以选择错了对应的做法,导致了输钱的结果。交易员对于自己的判断有没有自信、是否固执这件事情,其实会影响到他的交易结果,这会占一个很大的比重。

8 交易中最难的事

你觉得交易这件事中，最困难的部分或环节是什么？

赚钱最难。从环节来讲，最难的可能是如何看懂盘势。打个比方，如果我觉得这个盘会上涨，理论上正常情况下我不会去做空，除非我觉得它涨不上去，我们不至于看涨却做空，不至于这么人格分裂。往往我们会做错单是因为没看懂盘的走势，所以选择错了对应的做法，导致了输钱的结果。

很多时候我讲，我感觉盘势要往上涨，大家觉得我的第六感很准，事实上我绝对没有所谓的第六感，这种感觉可能来自于，我对于某些观察到的现象下的结论。或许是过去的交易经验，或许是目前的短线行情上，成交价不停跳动的一个节奏，我去估算出它后面可能的走势，或者是用技术指标去协助得出来的结论，不管是哪一个，都有可能。

行情现在涨了5个tick，它后续继续涨，还是停住，还是往下跌，其实都有可能。但当我不知道它涨上去这

5个tick的背后原因是什么的时候，我其实就很难估算它下一步可能会怎么走，因为不知道发生了什么事情，我就很难去盘算这个事情对于行情有多大的冲击，到底它可能会涨0.5%，还是5%，还是15%？当我不知道它是什么因素影响的，我就很难去找出对应的方式去做，因为这时候就很容易判断错误。

中性策略对于盘势判断的这种要求，应该没有那么细腻？

是的，因为它没有在赌方向，一旦你行情发动我就跟着调，所以这其实免除掉一些初阶交易员对于盘势判断拿捏不准的一个弱点，它反而把这个部分给弱化了，所以你只要守得紧，一路跟紧着调，你就不会受重伤。

交易员需要慢慢在市场进行积累，至于想要对这个策略做怎么样的改善调整，当他们有若干经验值之后，才有能力去做这个事情，初期可能都是行情一动，他就动态跟着调。

该怎么去培养或者提升自己对于盘势的判断力？

这个真的很难回答。如果你问我个人，我知道我怎么样做，但是你问到普遍性要怎么做，我讲不出来，因为每个人的资质不一样。我对数字的敏感度比较高，算得又快，所以看到市场上一些风吹草动的时候，可以立刻下决定，立刻去执行。可是一般交易员做不到，这是我想复制，但是复制不了的一个主因，因为大家的禀赋和养成背景不同，这个东西是有个体差异性的。

如果一定要讲普遍性的话，我只能这样说，就算做对冲型交易，理论上是一边赚一边赔的交易，我们还是很在意赔的那一边，我们没有觉得哪一毛钱输了是应该的。所以如果对冲，假设一个做多一个做空，现在行情往下跌的时候，我们就忍不住想要调整做多的单子，因为我想要让那边少输一点。当然你说我这样等于是在中性策略当中加上一些日内交易，但日内交易加进去对我整体绩效有提升，我为什么不做？

但是有些人会觉得，你这样做太累了，可能会折寿的，因为你跟盘跟得太紧，这样子也太耗心力了。交易员这一行是辛苦的，有的时候我愿意花力气去赚这一点钱，可是有些人不愿意。愿意的人可能跟得紧，他的风险控制品质比较好，但有些人他就觉得，没有输到多少之前我都不动，免得白费力气。但相对，等你发现它是一冲到底的行情的时候，你要动的时候，你只有减仓跟止损两条路，你没有所谓的对冲，因为另外一边的行情价格已经变差了，对冲效果已经变很差了，所以就算这次我把仓位补足了，也无济于事，浮亏就已经锁在那里缩不下来了。

"天下武功唯快不破"，这句话也许我们以前觉得是老生常谈，但后来想想，如果我们交易速度就是比较快，判断时间就是比人家短，那我们执行就快。如果行情我们判断对了，我们进场时间早，我们的价格一定会

8 交易中最难的事

做得比较好；相对地，如果我做错了，我出场也快。所以我们比较倾向的理想策略会是快进快出型。

你快点判断进场，可能就会做一些止盈的动作，去想办法保住获利，而不是眼睁睁看着它回吐，甚至倒赔然后止损出场。对我们来说，止损是因为你一开始做错的时候，你就知道你做错方向，这你就该认输了，而不是等输到一定程度你才去认输。

交易员对于自己的判断有没有自信、是否固执这件事情，其实会影响到他的交易结果，这会占一个很大的比重。心态上要比较弹性，我不预期行情一定上涨，我也不预期它是下跌的，反正我随时看它，伺机而动，它怎么动，我怎么跟，这样的话我觉得心态上会好一些。太固执的交易员，比如我今天就一定要做空，但今天一直涨，然后怎么办？我一定要做对一把空单，好，你越是这样想，万一行情就是不来了，你硬要空你可能都是亏损下场。你太执着于这种跟市场作对的心态，就非常不值得。

你是怎么看待未来5~10年国内股票市场的机会？

我们从来不看未来5~10年，做衍生品交易是这样，它几乎每个月都有到期日，所以我们甚至可能不会看一个月后的行情，因为我们连隔日的行情都抓不准。对我们来说，你去估算太久以后的行情其实没有太大意义。

如果就未来国内的金融市场发展来说，北交所的成立可能会让整个二级市场的发展更全面一些。随着现在QFII的一些资金进入，外汇管制的放宽，新来资金注入会增加一些活水，当然会更活络市场。这个市场以往是以散户结构为主的，可能会慢慢地遵循国外的发展历程，转为机构为主，或者是资管业务为主的一个机构经营模式。散户可能会退出，或者是以购买私募基金和公募基金的形式去参与市场变化。整体未来5~10年，其实目前为止，我们对中国市场前景是看好的，因为它其实还有很大的发展空间。如果是10年以上的话，我们

8 交易中最难的事

看法就会稍微保守一点，因为这涉及一些大国博弈的问题、人口老龄化的问题等。

机构化的趋势对你主做的中性策略有没有影响？

既然是中性策略，其实对行情没有预期。乐观的预期是，可能市场的规模容量会变大，那中性策略容量也自然会变大，这可能是我们比较想要见到的。至于说行情好做不好做，其实有时候要看你的对冲手法，行情大有行情大的做法，行情小有行情小的做法，我们都可以适应。但是外资如果逐步进入中国市场，那以外资的做单习性，其实他们对冲的手法是比较多元化的，当这样的资金体量越大的时候，我觉得行情可能某种程度上会受压抑，也就是波动程度可能会趋于平缓，像以前忽涨忽跌的现象，可能以后发生次数会比较少。

抛开你主做的中性策略不提，如果你拿到一张去外星球的船票，10年后才能回来，而这期间你个人的所有资产都被要求放到一个品种，你会放到什么地方？

我可能会去做的是固收类的东西，因为在行情没有办法预期的情况下，我没办法预测放在什么种类的投资比较好的情况下，我考虑的自然是以保本抗通货膨胀为优先，那么可能固收类的产品就是我的优先考虑，也许是定存，也许是保险，但不会是单一的股票或者是指数类的产品等，因为这些的变数比较大。

9　工具、策略与执行力

如果我的策略需要求快才能赚到钱，那么执行力必须很重要，你下单的速度要够快，对于工具、网络这个部分的要求就比较高。如果我是做对冲型的，我比较在意的是交易系统的平稳运作，因为它可能会涉及比较多的运算，或者是一些风控条件的规范，所以我们可能有一部分的系统搭建是花在风险监控这个部分上面。

9　工具、策略与执行力

在一个交易系统中，交易工具、交易策略以及执行力这三个方面，你觉得哪个更加重要？

其实这三个环节都很重要，但是如果硬要排重要性的话，前提是要看交易的性质是哪一类。执行力可能在任何交易策略中都很重要，但是它不一定是排在第一优先。如果是高频交易，它抢的是很短暂的时间差，所以对执行速度会有很高要求，对于交易工具会有很高要求，但是策略本身要不要求不好说。它就是抢短，可能赚一两个tick覆盖了成本我就出场了，然后我用大量的交易次数去赚取些微的报酬，积累达到一个比较好的报酬，但是高频交易它本身没有容量。

如果我的策略需要求快才能赚到钱，那么执行力必须很重要，你下单的速度要够快，对于工具、网络这个部分的要求就比较高。如果我是做对冲型的，我比较在意的是交易系统的平稳运作，因为它可能会涉及比较多的运算，或者是一些风控条件的规范，所以我们可能有一部分的系统搭建是花在风险监控这个部分上面。执行的话,基本上不是新型策略就影响不太大。

中性对冲策略这种类型的交易,试图赚取的主要是哪一部分钱?

如果是现期货中性策略,我们赚的是阿尔法,也就是股票相对于标的的超额报酬。因为你用量化选股的方式去选了一两只股票,然后再去放空几乎等同于大盘的指数期货,所以你能赚的就是,你选的股票比大盘上涨更多或是亏损更少的部分。这是相对报酬的概念。

如果是期权的话,我们做的是类似波动率曲面交易。其实市场上对这个策略有很多种说法,有些人叫做波动率套利,但是就我们念金融的人来说,套利叫做无风险交易,但是波动率曲面交易是有风险的,尤其有些波动率曲面交易,你去买低卖高去锁波动率差,但你是属于跨期的,它就面临两个到期时间不对称,它自然有风险。

9 工具、策略与执行力

如果今天发生一个事件,它会影响行情一天,当月份的可能波动就很大,但是远月份的对冲可能动都不动。影响一天完之后,第二天总是要回归正常,可能对远月份来说冲击就很小。

做这样的策略的时候,往往有时候你觉得它是对冲型的,它应该会同步发展,但是因为到期时间不对称,它常常是各走各的调,对我们来说我们不想出这种钱,所以在我们策略中跨越的这种策略比重其实不太高。我们会喜欢用同一个到期日的品种去做对冲,因为这样的话,我至少把到期不对称的因素给去掉。

我们赚的可能是波动率差的收敛,因为我们自己会去估算每个行权价的理论价是多少,倒推出来它的隐含波动率是多少,这时候市场价可能或高估或低估,跟我们算出来的理论价有若干偏离,估算完扣掉交易成本还有剩余时,就表示我们有利可图,被高估的我们可能就去做卖出的动作,同时我们可以去做若干被低估买进的动作,去锁住所谓的价差——波动率差。市场正常变动情况下，它可能在短时间内就会做收敛，收敛情况下，我们可能就可以出场。

当然在希腊值的变动当中，它是属于Vega类的，策略是负Vega。

在你目前的交易策略中，有择时的因素吗？

理论上，如果做价差收敛有择时，因为如果价差没发散，你就没有价差可以做，所以它不是常态性持有的，可能是要看价格，达到我们觉得比较理想的进场点，有比较合理的价差出现的时候，我们才会进去。

中性对冲策略在交易的各个环节，行动的逻辑是怎么样的？

做中性策略，基本上是属于对冲的策略，你对冲一定是你认为有合理的价差，你要锁定价差的利润，你才

9 工具、策略与执行力

会进去，同时一多一空去对冲。

所以，可能我们在进场前，有一个评估的方式。假设是做期权波动率，波动率一定要大到多少，我觉得它才有利可图。这可能也伴随另外一个前提，以我们的对冲手法，我需要它有多大的空间才符合我对冲的利益，因为我最终成本可能可以估算出来，这个各家可能就不太一样。

如果现在符合，我觉得利差够，觉得可以建仓，但是有时候市场容量没有办法在第一时间内让我从空仓建成满仓，只要现在符合我们认为理想的价差价格，我们可能就先进去做。

比如，在市场许可情况下，现在我大概可以做到100组，我就噼里啪啦做了，然后价差变没了或变比较少，我们可能就再观望。这时候可能这一价差虽然缩小了，但是也还不到我出场的价格，我就先抱着，当你再拉开的时候我再加仓。因为我们做这个还是有一些计划性的，我也会盘算我需要多大的仓位赚多少钱来符合我每个月的预期报酬，所以可能就是我们会去看价格去做。

如果是做现期货对冲，比如说如果是做基差交易的，它基差达到多少的时候，我们可能会去做一个历史数据回测，大概到多少的时候，它可能在若干时间之内做有效的收敛。当然为避免它不停做发散，价差不停扩大，我们也会去抓一个止损点。因为做价差收敛策略想要赚钱，要用比较高的报酬率去赚取比较低的盈亏比，所以只要能赚钱，我们就要把盈亏比这个亏损金额部分给控制住，它长期期望值是正的，它就能赚到钱。

当然有些做单边趋势性的交易，你会发现跑出来胜率可能只有30%到40%，但是它盈亏比可能3:1甚至4:1、5:1，意思就是我赚一次抵我好几次亏损，所以我这样子累积起来期望值也会是正的。

9 工具、策略与执行力

你们的止损是基于一定的金额还是一定的比例?

都有可能,也跟我们的产品要素表定的预计清盘线的位置有关系,理论上条件越紧的,止损或者调仓的动作会越严格。

你没有能够承受大幅度浮亏的空间,所以一旦不对的时候,就算你后面随着价差空间变大又加仓,但加到一个程度,你会再减仓去做调整。我们之前最大亏损也是来自于这样的一个价差持续发散的现象,但我们从来没有觉得这个策略是失效的。

其实有一个原因,我们那时候做了减仓的动作,是因为我们的尺度特别紧,尺度松一点,我可能都不减仓,而且其实当月大部分浮亏都回来了。为什么会这样说?期权的好处有一点,它跟股票不一样,股票只有上市跟退市两种选择,它没有所谓的到期日,但期权有到期日,尤其是指数类型的,它每个月都到期,所以你今天波动率放大,放大,再放大到一个程度,你一天比一天到期日接近，慢慢地所谓的Vega的损失浮亏，会转换成Theta，转换成时间价值还给你。如果我们算过它的到期损益是能够守得住的，基本上我跟你扛时间，扛着扛着，你浮亏慢慢还我。但我们这个止损是因为产品尺度很紧，你不得不去做调整。因为我遇到预警线之后，你只能让我持有70%的仓位，我明明是对冲的，但是你还是要减我仓，我避免碰到尺度限制造成了被动减仓，被动强迫认输。这种现象我们会自己去调整，也有一些我们自由做交易的尺度空间在那里，但一般来说这种现象这些年来我也只遇过一次，算比较罕见的行情。

10　胜率与盈亏比

以交易日来算的话，可能至少60%~70%的时间是赚的，所以它的盈亏比通常不会太大，因为获利金额是比较分散的，没有集中在某个特定时间点。但是要得到比较好的盈亏比的话，如果我们在风险控制上、在回撤控制上做得比较到位，还是可以达到不错的效果。

10　胜率与盈亏比

除了刚才说的产品的风控线要求以外，在中性策略的过程中你是怎么进行仓位管理的？

每个交易员有他自己的自由度，应该这样讲，公司方面只会针对他整体的希腊值去设限。还有另外一个，我们加算了风险值VaR(Value at Risk)，早期我们待在监控体系下，尤其是银行体系为主的，他们通常喜欢用风险值去估算你整体的潜在风险程度。

以我的个人经验，VaR的控管能力比你单纯针对期权希腊值设限来得紧得多，而且有效，我们所谓有效是，它真的逼得你不能乱开敞口，不能乱放仓位，你放仓位，如果你不锁紧，你的VaR很快就爆了，VaR限额一爆风控就逼你减仓，那时候你可能半毛钱都没有输，但是他觉得你潜在风险太大，他就逼你减仓。所以其实对风险控管来说，VaR可能比单纯针对希腊字母去设限来得好。所以我们现在是两个都盯，双管齐下，因为我们就不想遇到失控的大亏损出现。

作为中性对冲交易者，遇到长线趋势行情时会怎么做？

中性策略可能是多腿交易的一个组合，它并不是所谓的等虚值距离、等仓位手数的一个结构，不是这么完全的对称型的。我们的中性策略应该是指，我们没有在偏Delta的方向，然后Gamma尽量控制在接近0的状态，也就是Delta不会因为行情上下涨跌而变成偏多或偏空，这样影响减少方向性的冲击之后，我们要赚的是波动率的差价。

所以我们会强调在这个部分Delta跟Gamma的限制压低，所以说趋势性的变化，如果是一直走单边式的行情，对我们来说还是做中性，只是结构上可能不会两边这么对称，虚实值距离可能会稍微调整，会比较不一样。

10 胜率与盈亏比

主观量化和纯程序化的量化，它们之间有没有明显优劣？

不太好评论，因为没有具体标准，你讲的都是一个比较概括的说法。但对我来说，如果追根究底要比优劣，我必须要能够很清楚地定义，主观量化做的是什么策略，程序化量化又做的是什么策略，也许清晰地定义出来才能够去比较，如果纯粹就一个概括性的说法，其实他们可能不在一个基准点上。

如果是你们在做的中性策略呢？

中性策略玩法也很多，有些中性策略强调是报酬，有些中性策略强调的是回撤控制，出发点不同的时候，你设计出来的策略就会有差异性。比如A策略报酬高，B策略报酬低，但是B策略回撤也低，那到底我是以报酬率为主来判断好坏，还是以回撤高低来判断好坏，还

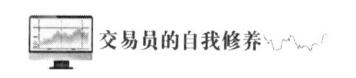

是用其他的指标来去衡量？这个没有一定的标准。

有些策略执行时可能会比较依赖人的主观性？

依赖人的主观性，有时候好处是它变化可以比较多，但坏处就是因为它变化多，人心不可测，所以它不像程序化的东西，你知道什么行情跑出来会是什么样子。人为主观交易不太能够确定，他做的是不是他说的，或者他想的模样，有时候会有一些差异性。

完全系统化交易，基本上属于你的行情不会跑掉，因为它不会乱下，除非你写错代码，否则的话基本上该怎么样就怎么样，它的输赢是比较好拿捏的。

其实主观量化和纯程序化这两种做法没有一定的优劣，因为关键在于我们不知道未来的行情是哪一种，所以我不知道未来行情适不适合我的交易策略。所以不管它是人为的也好，或者是程序化也好，适合了就能赚，但如果都不适合，两种都一样输。

10 胜率与盈亏比

在交易中大部分事情都是相对的，绝对的东西很少，你觉得在交易上有没有绝对的东西？

以我们来说，我们可能想要赚取的是绝对报酬。我们表现优于大盘或劣于大盘，其实不是客户真正在考虑的，客户考虑的只是，我去投别的产品赚了20个点，你能给我带来多少个点。当然这时候你不能说大盘跌了50个点，我还可以给你5个点，最后他会觉得5个点太少了。

我觉得我们去追求绝对报酬这件事情是比较合理真实的，你拿相对报酬来比，我常常觉得这都是针对自己做不好的时候在做行销话术，所谓"还有更烂，我们不算最烂的"。事实上如果做交易员，你想要活在这个市场上，你只能想办法去追求，逼自己去当最好的，就算当不了最好的交易员，你要当个不错的交易员，所以你就只能一直赚。

所以没有必要跟人家比你输多少，我说输的没你多，这都是输家在说的话，赢家不说这个话的，赢家只会算我今天赚多少，没有人比谁输得少。

在中性对冲这样的交易中，什么情况下可能出现一些高盈亏比的交易机会？

不太容易，如果高盈亏比在中性策略中出现，通常是因为没有太大的行情，所以你回撤得到有效的控制，在相对有限的报酬率下，回撤更小的情况下，它会造成比较高的盈亏比。跟做趋势性交易不一样，趋势性交易的盈亏比通常来自于单边行情的极大化，因为在回撤控制一般的水平下，它只能用比较高的报酬去拉高盈亏比。但是在中性策略上，它没有冒风险在押某个东西的方向，所以相对地，它的报酬是比较稳定的，我要达到比较高的盈亏比只能去降低它的回撤部分，减少分母的大小。

所以中性策略事实上牺牲了盈亏比，但相比其他的交易策略来讲，它的胜率都是偏高的。

对。以交易日来算的话，可能至少60%~70%的时间是赚的，所以它的盈亏比通常不会太大，因为你的获利金额是比较分散的，没有在集中在某个特定时间点。但是要得到比较好的盈亏比的话，如果我们在风险控制上，在回撤控制上做得比较到位，还是可以达到不错的效果。

这么高的胜率，那是不是意味着只要有机会出现，交易的频率越高越好？

不见得跟交易频率高低有关。我们比较希望的行情可能是它让我有一个合理的进场机会之后，后面行情就不动了。不动的话，其实我过程中耗损的最终成本就会降低很多，相对地我最后留下来赚的金额就会提高一

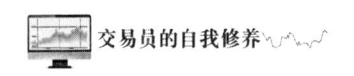

些，这样的状态下收到的盈亏比就会很大。

交易机会多，有时候可能表示它的震荡幅度比较大，但如果刚好震荡幅度大，而又没有达到理想出场点的情况下，你就会看到你有浮盈，然后吐掉，又浮盈，又吐掉。所以做得短的人可能有很多次进场机会，可是你的尺度稍微放宽一点来看的话，你可能都没有达到出场条件，你其实只有一次进场而已，然后就一直持仓抱着，可能会是这样，所以你整体积累的总报酬也不见得会是高的。

以中性对冲策略为主的话，会关注一些技术形态和技术指标吗？

会的。中性策略它本身比较期待的是行情不要有过大的波动，尤其我们做对冲型的，可能在进场的时候对冲都做进去了，我们并不想要冒着波动率价差不断扩大的浮亏风险，所以我们当然希望进去之后，从此行情就风平浪静，我们等着它收敛，然后出场。

但是什么时候会造成波动率提升，往往是因为行情忽上忽下，要不就是大幅度的单边走势，要不就是短时间内有比较剧烈的震荡，造成我们要不停地去动态调整它，不停地去做买高卖低的动作，这样会造成我们耗损掉很多最终成本。这是我们比较不想要的。

所以，当我们觉得行情从震荡行情，慢慢转变为有倾向开始走单边的时候，我们可能会对中性的仓位结构去做相应的调整，所以技术指标我们是看的，短线、中线、长线的都看。

11　应对黑天鹅事件

那一天的行情，我印象中是标的涨了8个多点。只要行情一大涨，期权波动率就狂飙，它涨幅又很大，所以导致你没有太多虚值的行权价可以去做对冲。在平值或实值有限的情况下，假设大家都急着去做买进、去做对冲调整的话，其实买方的力量非常的强大，这时候几乎没有人在卖。

现在国内以做股票期权为主的私募，他们常见的策略都有哪些？

做波动率曲面交易的一部分，做期权卖方双边裸卖的一部分，还有一些可能是做择时的期权买方策略，可能这几类为主。

资金规模比较大的私募，通常都是做波动率交易为主的。大家的策略其实很多都很相似，所以绩效的好坏都差不多。

你之前曾在采访中提到，一年中发生"黑天鹅"事件的频次差不多有2.5次。

以100日99%置信度为例，假设行情处于正态分布情况下，未来100天的损益有99%的概率在估算的VaR之内，但往往不可控的就是那没估算到的1%，即100天当中会有一天是属于"黑天鹅"的状态。一年大概242~

244个交易日，算起来一年平均2.5次，大概每4个多月就来一次。虽然说"黑天鹅"这种异常行情是很罕见的，但其实也没大家想象中那么罕见。但是怎样被称为"黑天鹅"，要看你对"异常"的定义是怎样的。

有时候我们说在正态分布内，这个策略看起来好像很稳定，但是在极端行情出现的时候，你有没有确实刹到车，把风险控制住，还是说正态分布我们都OK，但"黑天鹅"事件出现的时候一样被宰。对我们来说，一次大亏损都不想要去经历，所以我们会针对仓位当中最大亏损去设限，我管你有没有"黑天鹅"，反正我最多就会输到多少，这个数字是我们能接受的，或者说在这个产品的尺度内会不会超限，会不会被清盘，甚至会不会被逼近到预警线，导致没办法去任意加仓，我们都会去做盘算。

11 应对黑天鹅事件

现在的中性策略场景中，你们经历过什么样的"黑天鹅"事件呢？

如果以单一交易日来说的话，像2020年7月6号那一天，可能是我们目前经历的单日亏损最大的一个交易日。那一天的行情，我印象中是标的涨了8个多点，期权类只要它行情一上涨，波动率就狂飙，它涨幅又很大，所以导致你没有太多虚值的行权价可以去做对冲。在平值或实值有限的情况下，假设大家都急着去做买进，去做对冲调整的话，其实买方的力量非常的强大，这时候几乎没有人在卖，因为行情涨得太凶了，大家觉得连现货都快要涨停板了，这个是"一面倒"行情。所以这时候基本上只有一面倒的买，没有卖，这时候卖方只要一挂单出来，立刻就被买方追吃上去，所以可能浮亏或者是波动率变动更大的时候，你又造成下一波程序化去止损的一些动作，就会这样推波助澜把它推上去。所以那天我们的单日亏损是最大的。

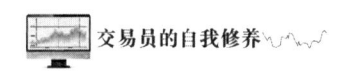

当时是怎么处理的？

因为我们是中性对冲，所以其实我们知道它波动率是上，但是我们做的毕竟是比较标准型的价差收敛，所以你越冲，虽然的确浮亏也越大，但是这时候的进场价格其实是越好，所以我们还是在持续地在加仓。

虽然单日浮亏很大，但是没有到我们的减仓或止损点，所以我们还有空间的情况下，这时候价差价格比较漂亮的情况下，我们还是加仓。后来行情回稳之后其实就收敛了一些回来，当然最后是小输的。

当天的极端行情到后来回稳，大概持续了几天？

差不多一个礼拜。

这期间的风险敞口怎么样?

VaR值算起来比较大,因为在波动率比较高的市场行情下,你算出来潜藏风险是会变大的,所以VaR值比较大,这个情况就造成我们时不时就得降部位,所以有些时候不见得是输多了去减仓的,而是因为违反了风控规定被迫减。

其实后来我们出场,是因为中间碰到风控尺度被迫认赔减仓出场,导致没有全部扛回来,这个是有点影响,但是我们也没有打算要把风险尺度放宽,因为我们本来就想要塑造一个比较稳定的状态。风险尺度绑得紧,交易员自然就没有办法冒太大的风险去做交易,对公司来说相对是比较有保障的。

当面对"黑天鹅"这样的极端行情的时候,期权这种工具可以用来对冲风险的常用策略有哪些?

这个不太好回答,因为要看你持仓的是什么样的仓

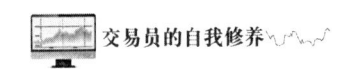

位结构，不见得是那么单纯的。

在现行市场上看得到的所有金融工具当中，期权应该是对冲能力最好的。这也是为什么我们从一开始打算先从期权类的策略下手，因为它最难做，但相对它对冲效果最好，所以一旦交易员都熟悉了这样的运作，在其他策略把期权也加进去做对冲的时候，其实他们用起来会比较好，最终效果会比较好。

期权本身并不是一个线性损益的变化，它跟股票期货类不一样，他们就只有所谓的方向性变化，是线性的，也就是做对方向就赚，做错方向就赔，没有任何缓冲。期权本身还含有权利金，含有所谓的时间价值，含有波动率或者是Gamma的变化，也就是所谓的做多做空力道的加速度的变化。所以，比较多元化的情况下，当然它的玩法就会比较复杂，可是它可能效果就会比较好。

比如说我们做现期货对冲，两个线性损益在对冲，其实你中间就没有什么缓冲，最多就像我们说的赚基差交易，或者是基差交易加上 T+0 做日内的这种些微的

11 应对黑天鹅事件

当冲交易,大概是这样的两部分组成。但如果是期权做对冲,它可能对冲成本会比较低,在极端行情发生的时候,最终效果会好过期货对冲,因为除了方向性的对冲掉之外,它在大行情的时候可能伴随着波动率上涨,所以你去做买方去做对冲的时候,除了赚到Delta之外,去帮忙挡原本的Delta亏损之外,可能你还会赚到一部分波动率上涨的钱。如果做错了,你就发现他们对冲不值得,可是它也不是在瞬间就把权利金时间价值全吐掉,它吐掉的速度又比期货这种线性损益的东西慢,所以对我们来说它的确是比较好的对冲工具。

中性对冲策略会比较关注宏观消息面吗?

没有特别针对于宏观面这些做讨论,但是毕竟因为现在我们主打的是做上证50跟沪深300 ETF期权,它基本上都是比较偏重国内中大型这些权重股,而宏观经济面的一些变化,或者是政府的一些经济政策,或者是激励政策的一些影响，其实它对于指数类冲击最大的绝对是权重股，反倒不是中小型股，因为中小型股占指数权重本来就低。所以除非我们是做股票为主的，否则哪些因素会影响权重股的变化，对我们来说肯定重要，宏观面的肯定是要看，平常这些得做工作，但是它属于比较中长期的影响。

短线上毕竟我们做的期权产品每个月都到期，所以它拼的是短时间内的行情变化，宏观面影响层面没有这么大。所以你可能就看一些微观的，或者是今天对某些产业有什么重大新闻事件影响的。比如说最近的恒大事件，它可能对于银行、保险、信托这一类的冲击比较大，对地产的联动也会有一些影响，但是你说它对军工产业或贵重金属，那看起来就不太相干了。

有些事件你可以去分析，它对哪些行业，甚至是再下延伸到哪些个股会有一些冲击，冲击力度会是多少，可能就是靠交易员自己去评估。我们得先知道这个事件冲击有多少，预期它会有多少影响之后，才接着去拟定

11　应对黑天鹅事件

后面的对应策略，要怎么样去调整，或者是冲击我觉得微乎其微，甚至可以忽略，我们可能仓位就不会动。所以这要看个别交易员对这个事件的理解。

这个东西因为都是事前预估的，也没有绝对对错。假设我们做方向比较容易，我预期因为什么什么原因明天会上涨，我开会的时候通常会问，如果下跌了要怎么办？这就是我们要想的，你永远都不会把把对，所以要怎么样去规避风险，怎么样去踩刹车？这可能是我在大家进场前会比较关注的点。做对就做对，谁没有做对的时候，但是你做错的时候、看错的时候怎么办？你不会是一路错到底，总是要踩刹车，或者哪个地方你觉得看错了，要认错了，之后要出场还是要做一些方式去想办法反向做回来，还是去做对冲，这个都是可以讨论的。

12　交易员性格与交易策略的匹配

当行情标的变动几个tick的时候，我们其实就跟着动，但有些人跟得很紧，一个tick两个tick他就动，有些人可能标的动了十个tick他才开始着手调整。你调整的快慢其实涉及到，你觉得要暴露多少的风险敞口才会决定去做调整，这其实跟他自己的风险偏好是相关的。有些人生性怕输钱，跟得就非常紧，这种我觉得他就适合做中性。

12 交易员性格与交易策略的匹配

管理别人的资金，和用自己的资金进行操盘，你觉得这两者最大的不同在哪里？

我没有交易过自己的资金，所以不是很好回答这个问题。不交易自己的资金有一个很大的原因是，我是一个投资风格比较保守的人，我可能输一毛钱都坐不住。

自己私下做投资，往往是因为工作收益不够，想要寻求工作外收益，来补足工作收益的不足。而我的本职工作基本上一直是做资产管理，有所谓的后端提成等等，我只要把本职工作顾好，其实自然而然不太需要把精力放在工作外收益这件事情上面。所以你会发现，我自己的投资途径其实反而都偏向固收类的，保本为主，没有在所谓的增强收益做投机。

做客户的资金，当然也有它的压力，但因为客户的资金容量通常比较大，其实对我们来说资金越大，你能玩的手法越多，在一定限度内的资金，规模越大，其实越好做，越不容易输，因为可以做很多元化的对冲，所以其实输大钱的概率反而是降低的。

但如果你资金很少，比方说如果只有10万块做一手期货，我可能只能做一手股指期货，那你怎么做对冲？因为你没有剩下的资金可以做对冲，你就很难控制它的损益，你只能希望把把赚。但如果100万，我也只做一手期货，剩下可能还有七八十万的资金可以拿来做对冲，相对我输钱的概率就可以降低很多，或者说输钱的金额可以降低很多。所以对我们来说，只要不要大到市场容纳不下，其实资金量越大，它能够确保不输的概率是提高的，资金越少，你能够玩的花样使的手法就越少，其实某种程度上虽然报酬率可能会比较高，但是它冒风险的程度也会比较高，因为除了拼单边之外，你几乎没有别的招。

所以这是我不太做自己资金的主因，我觉得把客户的钱守好，本业做大就够了，不太需要自己再额外花时间分神去做投机的事情。

12 交易员性格与交易策略的匹配

交易员在交易中该如何控制自己的情绪?

我们不太控制自己的情绪。你说不准他们拍桌子吗？只要不把桌子拍裂我都没问题的，哈哈。

我觉得盘中交易员会有一些反应，可能都是对情绪的一种抒发，如果没有什么太严重的事情，我们是不管的。我盘中自己是戴着那种耳罩式的耳机，不想听别人骂，想要专注一点，我要安静一点的环境做，但是我又不反对他们吵闹。

因为盘中可能每个人看到的关注的点不一样，所以我看到了市场有什么变化的时候，可能就会开口说什么股票怎么样了，你注意一下或什么的，互相提醒。有些人也许比较着重在技术面，他会说现在技术什么指标背离了或怎么样的，可能是我没看到的。所以这样的话，其实一些交易员结合起来，能够得到的信息，绝对比自己做交易的时候来得多，这样对整体是好的。

抒发就抒发吧，情绪当然要抒发，所以只要没有太严重太离谱我们都不管，因为盘中其实风控是看得到他的数字变化的，所以不太对劲的时候，我们就会去看一下他的仓位结构是什么，然后讨论一下是不是要调。但正常情况下，我不多做干预。

如果公司的交易员某段时间遇到了明显的低谷期，你会做些什么？

首先要看所谓的低谷期是怎么发生的，到底是因为刚好最近这段时间的行情不适用这个策略，比如说最近行情波动率很低，没有所谓的波动率差可以做的时候，你基本上怎么做都赚不来钱，甚至在耗损你的交易成本。这时候你可以选择仓位不要大，小一点，或者是用一些别的方式来做。但是如果这个策略我们认为是长期有效的，其实还是会做一点，只是规模比例上可能要交易员自己去调整。

如果其他交易员做同样策略也都很正常，就他数字

12 交易员性格与交易策略的匹配

起起伏伏的,那肯定是他对于盘势判断或调整上跟别人有一些出入,或者说你有一些判断失准的地方,或者你擅自开了敞口,导致你的表现跟其他同类型产品不太同步。这时候我们可能就会关注,到底你是不是还是做中性的,是不是开始偏方向了,还是押了某一个东西的敞口,还是你不停地看错调错,这也是有可能的。

一段时间内如果还是持续这样调整不上来的话,我们可能会把他换产品,因为毕竟我们最终还是要对客户负责任的,所以不可能说交易员最近不在状态内,让客户忍一下,我们不太可能跟客户这样做说明的。所以当他不太对劲的时候,我们可能把他换到一个额度比较小的产品,换着做。这倒不是很多人所谓的"转气",换个手气,换个账户,不是,我们倒不是因为这个,而是因为这个规模看起来你handle不了,我要给你换一个小的,或者是我直接给他减额度,因为我要让他对产品冲击小一点,然后你自己想办法去调整,我们也会帮你看看你问题到底出在哪里,帮你去修正,但这可能需要时间。

人的情绪难免有高低潮。有时候早上睡醒起来，会觉得看什么都特别清楚明白，行情我都不知道为什么从哪里走到哪里，从哪里又跌到哪里，你都说不出来为什么，但是你又觉得行情抓得死死的好准；但有时候就是，你怎么做怎么看都不知道行情怎么回事，你怎么做都不对劲，怎么做都输钱，怎么做都判断错误，难免都会有这样的偏高潮或低潮的一个起伏。

做中性的好处是，我不用去靠所谓的卓越的盘感去抓，提高我对盘势判断的准确度，反正就一路跟着调，这样子就会减少判断错误的机会，就不会凭白耗损掉很多因为方向判断错误造成的亏损。

在交易员交易的过程中，除了公司的标准、策略方面的标准之外，还有没有一些要求他们严格遵守的原则？

可能只有口头警示，没有白纸黑字的标准。

12 交易员性格与交易策略的匹配

口头警示一般是哪一类的？

这跟大家对盘势的看法有关系，虽然我们做中性，可是我们对盘势还是会有看法的。

比方说，大家觉得这个盘势要上涨，而我觉得它要下跌，我们开始意见相左了，但是后面种种迹象显示它就是要下去了，而不是大家想的要上涨。这时我会去提醒，因为认为是上涨的行情跟认为是下跌行情，其实你的中性仓位结构，理论上是涨得有点不一样的，所以为了避免交易员调太晚，虽然没有发生，可是我觉得不太对劲的，我就会先讲先调。但是这个东西的确没有白纸黑字，因为这就是在交易员的自由尺度之内自己决定的。很多家公司会决定交易员能动用的这一部分不超过80%，你剩下那20%干嘛？你只让他做80%的资金，又让他扛100%的业绩，凭什么？

所以对我们来说，我不想造成这样的一个不公平，不管他是资浅或资深的交易员都一样。今天客户多少资金进来，你就是要负全责去扛这个产品的业绩，我管你资金动用10%也好，动用99%也好，都是你的自由度，只要你不碰触到公司风险规范的这些限额，不是输太多或者是风险超限了，我其实是不管的。你爱用多少资金是你的事情，反正整体业绩你要想办法给我做到15个点，你有本事用1%的资金做到整体报酬达15%，那你厉害，那没问题，你其他不做都无所谓。我们会是这样看。

虽然我们教的是一定的模式，让交易员去这样做，但事实上我们不想扼杀交易员自己成长变化的这一块，所以我们只能跟他讲这样一个交易策略大框架，中间很多细微的东西要让他们自己去摸索，自己去碰，这样我觉得长期而言，他们比较会有成长性。

12 交易员性格与交易策略的匹配

在一个交易员成长的过程中，他应该从哪些角度、哪些路径去思考，形成自己的交易策略或交易系统？能不能提供一些建议？

如果是初学者，假设是刚入行做交易的人，其实不太好去判定他适合做哪一类的交易策略，因为你都没有看他交易过，你不知道他适合哪一种形态。

但是随着他做了某一个策略，就以中性策略为主来说好了，每一个不同性格的人来做中性策略，他做出来的绩效其实还是有差异化的，但这种差异化可能在于他的性格或他对盘势的理解，或者是他自己对于风险的偏好程度不一样。我们会观察他一段时间，根据他的差异性去帮他拟定，适合做什么方向的策略、哪一类型的策略，或者说调整手法要用哪一种方式做会比较适合他的性格。

这个策略与他性格的匹配过程，是从哪个角度观察的？

盘中调整的交易行为。因为我们毕竟是属于盘中实时动态调整的，所以当行情标的变动几个tick的时候，我们其实就跟着动，但有些人跟得很紧，一个tick两个tick他就动，有些人可能标的动了十个tick他才开始着手调整。你调整的快慢其实涉及到，你觉得要暴露多少的风险敞口才会决定去做调整，这其实跟他自己的风险偏好是相关的。有些人生性怕输钱，跟得就非常紧，这种我觉得他就适合做中性。但是有些人可能会稍微偏，当然我们就会选择某一些交易尺度上稍微带一点方向的策略，这种可能反而适合他们做调整，就会有一点差异出来。

13　怕输，才能长期存活

出场完之后好处是什么？你不会再多输半毛钱了，你的数字刹车了。有人说但亏损也赚不回来了，我说急什么，交易机会多得是，但你看不懂，就在市场瞎搅合，不光花手续费，可能还被打来打去，输一些无谓的数字，还不如看准之后再进去做。我们毕竟是做操盘的，不是经纪商，不需要为市占率负责任，所以每次在里面冲进冲出干嘛，你没看好下什么手，你都不知道行情怎么走，乱做单只是耗损而已。

13　怕输，才能长期存活

你认为在市场上长期存活，最重要的是什么?

怕输。应该要怕输，谁能保证自己永远赚，除非是真的无风险套利，否则的话都有若干风险存在。不是100%抓得准行情的情况下，怕输，你才会以一个比较谨慎恐惧的心态去面对行情，一个不对你赶紧认错去做调整，或者说赶紧退场，调整一下自己的心情之后，仔细观察行情，再决定后面要怎么进场，而不是任着仓位在市场里面起起伏伏，被打来打去，数字跳上跳下的。

交易员其实常常会受到损益数字的影响，当你在输钱的时候，心态还能一直很平和吗？我自认我做不到，还是会受到一点影响，所以我常跟交易员说，如果看不准输了钱，你就减仓，如果不知道该怎么调，怎么调都救不回来，你就给我出场。

出场完之后好处是什么？你不会再多输半毛钱了，你的数字刹车了。有人说但亏损也赚不回来了，我说急什么，交易机会多得是。但你看不懂，就在市场瞎搅合，不光花手续费，可能还被打来打去，输一些无谓的数字，还不如看准之后再进去做。我们毕竟是做操盘的，不是经纪商，不需要为市占率负责任，所以每次在里面冲进冲出干嘛，你没看好下什么手，你都不知道行情怎么走，乱做单只是耗损而已，对吧？

对我来说，我交易目的不是为了冲成交量，不是为了活络这个市场、提供流动性什么的，如果是那样你不如去做做市商，你不要来做产品。我们做是为了要挣钱，你没看准，你没有把握挣钱，你进去瞎搅合干嘛呢？没有规定你一定要常态性地持有若干个仓位才叫做操盘，你可以觉得没有达到理想状态，今天状态不好，没睡饱，心情差不想做交易，或者觉得这一波不会赚很多不进场，都行啊，但是你最好就是看准了进场，赚到钱出场，这样才比较好。

怕输，会不会导致他在看准的时候也不敢下手？

这可能会是相对的，所以找交易员我们要找性格上或者是风险属性比较匹配的来做同事。假设这个公司讲的是风险防守，但是却找了一个风格非常激进，想要赚一把就财富自由的人，基本上我估计他也待不久，因为我们对于他的尺度可能没法忍受，他对于我们守风险的程度也没办法忍受，注定没办法长期合作。

你平时的交易环境中，有没有一些小癖好？

每个人应该都有自己的习惯，不管是干净的习惯或者是比较杂乱的习惯，每个人都有自己心目中所谓的秩序，也许他的杂乱就是秩序，所以这东西我们不干预，我们只管你交易有没有赚钱，能不能给客户交代。

关于我自己，我桌子比较大，桌上有12个屏幕，比较长，三米多宽，有很多键盘跟鼠标，等等。因为账户多，所以就难免这样。比如行情比较大或比较难搞的时候，我比较想集中精神，就会戴降噪耳机去听音乐，听的可能都是属于重金属类的，但是很吵，我又怕放出来吵到其他人，所以我就戴着耳机，开得非常大声。听重金属这种东西是因为我想办法让自己的情绪变得比较亢奋，这样遇到临场反应行情比较大的时候，我就比较能跟得上剧烈的节奏。假设今天这个盘本来很慢，然后忽然变很快，在你本身是放慢放软的情况下，其实你的节奏会跟不上，然后你可能更倾向观望，有时候就错过真正进场的好时机。

市场特别平淡无趣的时候，会做些什么？

玩手游。其实我玩的都不是online game，都是那种单机版的，因为平时盘中要一直保持在动脑子的状态下，不能让自己闲下来，但同时又要盯行情，所以我们玩的都是随时可以停下来开始交易的这种东西，只是让

13 怕输,才能长期存活

你一直维持在那个状态下。比如说我就要一直维持在手速比较快的状态,有时候盘中行情其实不太需要做交易,就是观望,观望久了有时候你第一拍动作真的会变得比较迟缓,真的会这样,所以我可能就会玩一些手游,然后随时准备进入状况开始下单,所以我们玩的就是随时会终止的游戏,一方面消耗时间,一方面维持你的一个比较激动的状态。

14　交易中的身心准备

一开始让你很积极向上的动力慢慢变得模糊的时候，你可能就不会像二三十岁刚入行时那么的猛、那么积极主动地去拼，但我觉得这个行业或者是这个岗位，它其实是需要一直拼的，这跟年纪无关。所以当你觉得你心态上已经在放松，没有办法那么紧绷去面对的时候，其实某种程度就暗示时间差不多了，你可能不能再停在一线，你可能要退居二线去做纯管理，甚至就退出江湖了。

14 交易中的身心准备

你典型的交易日日程是怎样的？

起床后可能习惯性地看新闻，电视开着看新闻台，手机看着类似像万得、同花顺上的一些新闻，可能要看欧洲或美国盘的东西，看有没有发生什么事件。尤其国内很多重要消息都习惯在盘后或者是休假日时候公布，在盘中连续交易时段这种冲击通常比较少，往往在盘后的时候，我们就很担心对隔日开盘后的一些价格冲击，所以在盘前就是要做这些准备。

因为做中性策略，其实我们对行情预估这一点倒没有做得那么用力。只是说先看一下我们的仓位在价格变化到哪一个程度的时候会比较有影响，我们在之前要先做些什么动作去预防，先踩刹车，不是等到输很多时候才做动作。我们本来就会针对隔日的各样风险做一个量化的东西算，所以就看这个状态，大概在什么位置，你需要做什么调整动作，比如什么仓位要动、多少张、什么价格，大概都算得出来，这样去做，那盘中当然就是跟着行情一起动。

那盘后很简单，复盘，复完盘，交易员想清策略。我的话，常常机构过来拜访尽调什么的，个别策略我们可能是多元化进行，我可能每次都参与到一部分开发工作，当他们有遇到一些障碍，比如说测试进度卡关了，或哪里不对了，我会去帮忙找问题再去修，或者是在编程撰写的部分中，哪一个定义不清导致跑出来的结果跟你想象中进出场位置有落差，我再做修正。

交易员其实生活很简单，说白了就是这样，每天不变的是固定的工作行程，变的是永远不固定的行情、拿捏不住的行情，所以这也是做交易比较有趣的地方。

周末还会关注市场吗？

可能星期六早上会，看看周五欧美的盘，他们不开盘我就不看了，反正一切等到周一早上开盘，周末发生的事件都会反映在周一开盘。公领域和私领域我是分得比较开的，尤其交易做久了，基本上我不太喜欢在私人时间去看公司的事情。

工作日每天处于高压下，盘中时时紧跟着盘在调整，其实非常的累，所以在周末休闲的情况下，就当作是在调整身心，我不想要在这时候又再去烦心公司的事情，所以通常我做好准备之后，礼拜一早上再去处理。

在交易之外，会通过一些什么方式来放松？

跟朋友聚聚会，打打球，唱唱歌，没有一定的事情，最重要的一点是下班后不想公司的事。你在上班时间专注在工作的事情就好，下班就不要再去想，当然其实这只是理想的说法，因为交易做久了，难免吃饭的时候刚好餐厅电视播着新闻，然后发现发生什么事情，你又忍不住想，对明天开盘会有多少影响，这可能是职业病。但除了这个之外,我都希望自己尽量不要在私人时间去想公司的事。

你觉得进入交易这行,可能给你的生活带来了哪些改变或者影响?

白头发冒得特别快,这个是最大的影响,因为我父亲七十几岁才开始有白头发,我冒白头发的时间比他还早,所以这可能是进入交易这一行付出的代价,因为你耗的心力真的比一般人多很多,尤其是高度紧张的压力,在那边绷着,长时间这样的一个工作状态。外人觉得这就是坐办公室的嘛,随便坐一坐,赚赚钱,多开心对吧?可是那是因为我们干的不是体力活,我们干的是脑力活,而且可能你的竞争对手都是所谓的金字塔顶端的一群天才怪胎,所以你稍有不顺就会输钱。你只能想办法鞭策自己,赚了还要再赚,今天赚不够明天继续赚,就是一直要赢,所以这个东西其实感觉上没有止

14 交易中的身心准备

境。因为平常是高压的情况下，休闲时间你会希望能够比较放松，去调整你的这个状态。

在什么情况下，你可能会彻底退出交易？

做到不想做吧。

我们有时候会检视自己的交易状态，这个状态分成好几个层面，第一个是我们面对交易时的身心准备状态，是不是像以前一样一往无前、义无反顾地想去战胜行业战胜对手。有时候一件事情做得太久，其实就算你有高度热情，你还是会厌烦，目前为止这种状态在我身上还没有出现，但是难保它什么时候会出现，这是一方面。

第二方面是，当你做久了，也许你真的从中得到一些利益的时候，一开始让你很积极向上的动力慢慢变得模糊的时候，你可能就不会像二三十岁刚入行时那么的猛、那么积极主动地去拼，但我觉得这个行业或者是这个岗位，它其实是需要一直拼的，这跟年纪无关。所以当你觉得你心态上已经在放松，没有办法那么紧绷去面对的时候，其实某种程度就要暗示时间差不多了，你可能不能再停在一线，你可能要退居二线去做纯管理，甚至就退出江湖了，所以这个东西对我来说没有一定的时间表。

延伸阅读

中国顶级交易员访谈丛书，为您解答交易中最重要的问题单

* 专业投资人做正确的行动，而业余投资人不断犯下错误，而且他们并不知道错在哪里。

* "中国顶级交易员访谈丛书"致力于通过十数年时间，遍访交易高手，汇集成交易经验的饕餮盛宴，以飨读者。访谈对象不以名气论英雄，而看重真材实料。其中有神秘莫测的做市商，有大型金融公司的操盘手，有业绩显赫的私募老总，有名不见经传的民间高手，有独辟蹊径的交易怪才……读者可以在对比阅读中各取所需，提取适合自己性格和经历的交易干货，站在巨人的肩膀上，尽快走向稳定盈利之路。

* 你不用犯下所有的错就可以真正学到正确的交易理念，这些正是这套丛书所要传达的。能够吸取那些最棒的前辈已经用实践证明的洞见，绝对是到达成功交易的最短路径。

延伸阅读

媲美《富爸爸穷爸爸》，教你如何提前退休

➡ 《财富自由之路：ETF定投的七堂进阶课》

作者：徐华康

*这本书适合那些愿意用二十年时间轻松简单地实现财务自由的人，而不是那些希望在三五年内快速实现财务自由的人

*什么东西一定会上涨？这么多年来，从股票到衍生品，除了纯粹的套利交易确定性较高外，只有指数在过去十几年来是一直向上的

*投资保守的失恋青年小刘，投资激进的过气女主播静静，神秘的客栈老板老徐，因缘际会相遇在大理，三个人，七堂课，在旅行的故事中走向属于自己的财富自由之路

国内第一本小说体期权交易实战指南

➡ 《我当交易员的日子：期权波动率交易核心策略与技巧》

作者：徐华康、王美超

*国内罕见的"小说体"期权交易实战指南

*浓缩两位操盘无数的期权"老鬼"的期权波动率交易经验，说透期权波动率交易的核心策略与技巧

*经验丰富的一线期权交易员在期权波动率交易中的所思、所想、所感、所悟，真实再现中国股票期权市场诞生以来的机会与风险

延伸阅读

比《华尔街幽灵》更真实，比《海龟交易法则》更有效

➡《交易的真相》

作者：极地之鹰

*毫不吝啬地和盘托出在交易之路上的经验和教训，层层递进地指出交易历程中存在的误区，一层层地剥掉投资领域里随处可见的"皇帝的新衣"，让"交易的真相"水落石出

*9年交易经验的交易员作者在书中完整公开了自己价值千金的交易系统，并经过历时半年的实验证明其有效性

*言简意赅，不啰嗦、不堆砌，通篇干货，思人所不能思，写人所不敢写

知乎作者赛博格Cyborg对交易系统框架、原理及构建的完美阐释

➡《交易的逻辑与艺术》

作者：陈侃迪

*作者将自己近年来在交易之路上的经验总结毫不吝啬地与读者分享，书中关于交易系统的四种情形和临界点、交易中不可能三角的描述分析，是国内难得的关于交易系统底层逻辑的原创思考

*只要在市场交易，你的交易系统就和市场状况、基本假设及仓位资金管理脱离不了关系，本书给了我们交易人最深刻的心灵深处的问题的解答

延伸阅读

"龙头战法"体系大厦的"四梁八柱"尽在此书

➡ 《情绪流龙头战法》

作者：杨　楠

＊本书是关于龙头战法最为系统的书籍，虽然主要讲述的是龙头战法，但其中阐述的原理、思想以及相关知识，完全适用其他一切盈利模式。本书主要有三大部分，分别是《股市之我见》《情绪流龙头战法》和《股市天经》，涵盖了学习龙头战法绕不过去的"道"和"术"，是一本系统揭示龙头战法交易精髓的教材式书籍。

＊股票大作手杰西·利弗莫尔："追随领头羊，集中精力研究当日行情里表现突出的那些股票。如果你不能从龙头股上赢得利润，那么你就不能从整个市场赢得利润。"

全球正在流行的专业金融交易系统

➡ 《一目均衡表》

作者：黄怡中

＊全世界技术分析的鼻祖，备受欧美专业操盘人推荐，让你一眼看清趋势。

＊以逻辑化、系统化视野，见人所未见，知人所未知，及时感知价格波动的平衡破坏与趋势性。

延伸阅读

➡ 《乌合之众：大众心理研究》

"《乌合之众》是一本可怕的书，他将社会大众的心理阴暗面毫不掩饰地暴露在阳光之下，别有用心的人甚至可以利用群体的种种心理弱点作为其权力与财富的抓手。"

——"金融大鳄"索罗斯

➡ 《大癫狂：非同寻常的大众幻想与群众性癫狂》

"数学不能控制金融市场，而心理因素才是控制市场的关键。更确切地说，只有掌握住群众的本能才能控制市场，即必须了解群众将在何时以何种方式聚在某一种股票货币或商品周围，投资者才有成功的可能。"

——"金融大鳄"索罗斯

"只要如此愚蠢的行为能够继续存在下去，那么一个真正理性的投资者始终有望利用大众的疯狂为自己谋利。具有常识的个体很容易觉察到集体的疯狂，个体将会借此获取巨额的利润。"

——查尔斯·麦基